应用经济学一级重点学科建设经费资助

应用经济学丛书

丛书主编 孙文基

合理化建议活动流程与方法

HELIHUA JIANYI HUODONG

LIUCHENG YU FANGFA

周华明 范从国 编著

图书在版编目(CIP)数据

合理化建议活动流程与方法/周华明,范从国编著
. —苏州：苏州大学出版社,2016.9
(应用经济学丛书/孙文基主编)
ISBN 978-7-5672-1831-4

Ⅰ.①合… Ⅱ.①周… ②范… Ⅲ.①企业－工会工作－中国 Ⅳ.①D412.6

中国版本图书馆 CIP 数据核字(2016)第 230568 号

书　　名：	合理化建议活动流程与方法
编　　著：	周华明　范从国
责任编辑：	王　亮
出版发行：	苏州大学出版社
社　　址：	苏州市十梓街 1 号　邮编:215006
网　　址：	http://www.sudapress.com
印　　刷：	苏州工业园区美柯乐制版印务有限责任公司
开　　本：	787 mm×960 mm　1/16
印　　张：	10.25
字　　数：	225 千
版　　次：	2016 年 9 月第 1 版
印　　次：	2016 年 9 月第 1 次印刷
书　　号：	ISBN 978-7-5672-1831-4
定　　价：	28.00 元

苏州大学版图书若有印装错误,本社负责调换
苏州大学出版社营销部　电话:0512-65225020

序 言

合理化建议活动是企业基层员工自主参与的技术改良和管理改善活动。合理化建议活动旨在通过鼓励广大员工直接参与企业的经营管理,针对企业生产经营管理中存在的问题,献计献策,贡献智慧,从而提升企业的经营绩效;同时通过员工提案,实现下情上达,让员工与企业管理者保持经常性的沟通,增强企业凝聚力。因而,世界各国企业都开展了形式多样的合理化建议活动,形成了各具特色的合理化建议活动形式,如欧洲企业的奖励建议制度、日本企业的提案改善制度、美国企业的群策群力活动等。

俗语说得好:"三个臭皮匠顶个诸葛亮。"俗话又说:"解决问题的钥匙一定掌握在当事人的手里。"企业管理中的问题千头万绪,不可能仅仅依靠CEO或企业的管理人员去解决,作业现场问题的解决无疑需要基层员工的参与。无论是产品质量还是顾客服务的改善,都离不开基层员工的参与。合理化建议活动通过鼓励基层员工参与管理,解决企业生产现场中出现的问题,有其必要性和现实性。

知识就是力量,培根的箴言在当代经济社会发展中得到了很好的体现,知识已经成为当代企业最重要的资源,是企业核心竞争力之源。而知识只有在实际运用过程中才能得到传承和发展。"拳不离手,曲不离口"是企业知识资源得以传承的基本途径。合理化建议活动的开展,可以使新老员工一起,围绕生产中出现的问题进行持续改善,从而达成新老员工之间的知识共享,实现企业内部知识的人际传递。此外,对于合理化建议的撰写和总结,也有助于知识的显性化和有序化,从而完善企业的知识体系。

现代企业和社会组织是一个由众多成员构成的团体,因而,一个企业仅靠几位管理者的努力是很难有效运作的。合理化建议活动通过问题导向，将企业各部门加以协调，打破部门间的隐形壁垒，可以起到很好的内部沟通作用；通过调动广大基层员工的积极性，增强员工的主人翁心态，协调一致地解决企业面临的问题。毫无疑问，合理化建议活动的开展有助于企业内部的协调，从而增强组织效能。

企业的使命是创造价值，企业的每一位员工都应该在企业的价值创造过程中发挥智慧、贡献力量。合理化建议活动是围绕顾客价值而展开的价值创造活动，是实现提升顾客满意度和满足利益相关者要求的有效途径。依托全体员工，发挥众人之智是企业创造顾客价值的不二法门。

2008年全球金融危机以来，全球经济环境持续动荡，中国企业面临着创新与变革的巨大压力。合理化建议活动作为一项变革与管理的工具，将有助于企业的变革与创新活动的开展，并在这一过程中发挥积极作用。

有鉴于此，我们尝试性地对我国部分企业开展合理化建议活动的做法和经验做了一点归纳和总结，并比较了不同国家和企业其合理化建议活动的展开方式。我们发现，尽管企业所处的环境和文化存在差异，但优秀企业的合理化建议活动有其共同特点，那就是强调员工参与、持续改善和成果知识化。

合理化建议活动的持续开展有赖于科学合理的方法，不同企业采用的过程方法各不相同，如日本企业常采用PDCA循环方法，而福特汽车公司则采用8D过程方法等。规范合理的方法是合理化建议活动取得成功的必要保证。一些优秀企业采用的过程方法虽然名称不同，但其实质是相通的，在面对问题时，都采用了一定流程或程序，并最终将解决问题的方法程序化，从而形成了各具特色的合理化建议活动流程模式。

创新是合理化建议活动中的重要环节，创新源于对问题的分析。本书介绍了顾客分析、产品分析、作业和流程分析，以及常用的统计图分析方法，这些方法简单有效，在合理化建议活动的开展过程中，可以根据不同的任务特点，选用适宜的分析方法。

创新过程与方案创造是与文化和思维方式紧密相连的,中国传统创新思维方法是我国企业开展合理化建议活动的基石,中国传统文化"日用而不知"地影响着我们的创新活动。在此基础上,本书还介绍了一些比较成熟有效的创新方法,如头脑风暴法、检核表法、物场分析模型等创新方法。

最后是企业合理化建议活动的开展案例。本书的案例只是提供了一个参照,企业需要依据各自的特点,设计与展开丰富多彩的、具有自身特色的合理化建议活动。

合理化建议活动的开展是一个由易入难、逐步深入的过程,在企业导入合理化建议活动初期,可以围绕现场进行,这样马上能够看得见实效,增强员工开展合理化建议活动的信心。但随着合理化建议活动的深入,简单容易见效的合理化建议将会减少,这就需要将合理化建议活动引向深入,由以现场改善为主的合理化建议转向较为深入的组织管理方面、工艺流程方面以及供应链方向发展,此时就需要启动团体学习与组织学习,合理化建议活动也要从以员工个体为主转向以小组或团队为主。

本书的写作源于我的合作者范从国先生2012年在伟尔(无锡)矿业公司的成功实践。范从国先生在担任无锡伟尔公司总经理期间,大力倡导员工合理化建议活动,短短一年间,公司面貌得到显著改善,这一成就给予我很大触动,而后,在《运营管理》课程的教学活动中,与MBA同学一起探讨如何开展合理化建议活动,MBA学员们也提供了许多很好的案例,他们建议我从理论上对合理化建议活动进行归纳总结,正是基于他们的要求,开始了本书的写作。最近几年,我有幸参与了苏州市质量奖的评审活动,从而有机会接触一些比较优秀的苏州企业。在评审过程中,我也发现,一些稳健增长的企业普遍在合理化建议活动的开展上不遗余力,员工创新与改善实实在在地提升了企业的凝聚力和技术能力,由此,更加激发了我写作的动力。

我希冀拙作能为企业开展合理化建议活动提供一点参考,也能为MBA学员和企业管理人员学习企业管理知识提供一些素材。由于自身学识与实践水平的限制,对合理化建议活动的认识还不够深入,有些观点可能是片面的,甚至是错误的,希望读者在阅读时能够批评指正。我也期望您能够将宝贵意见反馈给我们,请将您的意见和建议发送至电子邮箱:zhouhuaming@suda.edu.cn。

本书的出版得到了苏州大学东吴商学院学科建设出版基金的支持和苏州大学出版社李寿春、王亮等编审人员的关心和帮助,在此表示衷心的感谢。

周华明

丙申早仲秋春于苏州

目 录 CONTENTS

CHAPTER 1　合理化建议活动概述 /001

一、合理化建议活动的内涵 /002

二、合理化建议活动的发展过程 /003

三、合理化建议活动的主要形式 /005

（一）西门子的"3i"管理 /005

（二）通用电气的"群策群力" /007

（三）鞍钢宪法 /009

（四）丰田的提案改善制度 /011

（五）"一点课"活动 /012

四、合理化建议活动的管理意蕴 /014

（一）改善内部沟通 /014

（二）员工参与管理 /016

（三）知识创新管理 /017

CHAPTER 2　合理化建议活动的组织实施 /021

一、合理化建议活动的组织管理 /022

（一）中央管理模式 /023

（二）上级主管模式 /023

（三）团队模式 /023

（四）职工代表大会模式 /024

二、合理化建议活动的实施流程 /028

（一）提案的征集 /029

（二）提案的撰写 /031

（三）开好会议 /032

（四）评审与决策 /034

（五）实施展开 /036

（六）成果知识化与激励 /036
　二、合理化建议活动与企业文化建设 /039
　　　（一）确立支持型的企业文化 /039
　　　（二）确立信任与平等的企业文化 /040
　　　（三）强化注重细节与持续改善的企业文化 /041
　四、合理化建议活动的绩效评价 /042
　　　（一）公司层面的绩效指标 /042
　　　（二）现场层面的绩效指标 /043
　　　（三）员工层面的绩效指标 /044

CHAPTER 3　合理化建议活动的过程方法 /045

　一、企业创新活动的流程 /046
　　　（一）企业创新活动的四项原则 /046
　　　（二）企业创新流程的七大模块 /048
　二、问题解决（PSP）方法 /049
　　　（一）问题的要素 /050
　　　（二）问题的类型 /050
　　　（三）PSP 的五个阶段 /051
　三、PDCA 循环 /055
　　　（一）PDCA 循环各阶段要点 /056
　　　（二）PDCA 循环示例 /060
　　　（三）PDCA 新解与 PVDCA /061
　四、8D 过程方法 /062
　　　（一）8D 法的过程阶段 /062
　　　（二）8D 流程图与 8D 问题分析报告表 /067
　　　（三）8D 法的适用范围 /069
　五、IDEX（苏州）公司的 8D 法应用 /070

CHAPTER **4** 常用问题分析方法 /075
  一、顾客满意度分析 /076
    (一)顾客满意度模型 /077
    (二)VOC 系统的建立 /079
    (三)VOC 系统的应用 /081
  二、价值分析 /084
    (一)价值分析中的主要概念 /084
    (二)提高价值的途径 /086
    (三)价值分析的程序 /086
  三、作业分析 /093
    (一)动作分析 /094
    (二)作业分析 /095
    (三)作业研究的创新方法 /098
  四、价值流图分析 /098
    (一)SIPOC 模型 /098
    (二)价值流图分析(VSM) /101
  五、常用统计分析 /105
    (一)排列图 /105
    (二)因果图 /107
    (三)直方图 /108
    (四)控制图 /110

CHAPTER **5** 创新与问题解决方法 /115
  一、中国传统创新思维与方法 /116
    (一)温故知新 /116
    (二)举一反三 /117

　　　　（三）直觉与顿悟 /118
　　　　（四）逆向思维 /119
　　　　（五）易思维 /120
　　二、头脑风暴法 /122
　　　　（一）头脑风暴法的创新意蕴 /122
　　　　（二）头脑风暴法的主要步骤 /124
　　　　（三）头脑风暴法的局限与改进 /127
　　三、检核表法 /128
　　　　（一）奥斯本检核表 /129
　　　　（二）奥斯本检核表的运用 /132
　　　　（三）奥斯本检核表运用实例 /132
　　四、物—场模型分析 /133
　　　　（一）物—场模型 /133
　　　　（二）物—场模型的分类 /134
　　　　（三）物—场模型的一般解法 /135

CHAPTER 6　案例：无锡伟尔矿业设备有限公司的合理化建议制度 /139

　　一、合理化建议制度的初步尝试 /140
　　二、明确目标，重新出发 /141
　　三、合理化建议的组织与流程 /142
　　四、合理化建议的奖励方案 /145
　　五、提案管理与目视化 /146
　　六、提案制度的施行 /148
　　七、员工对提案制度的反馈 /150

参考文献 /153

CHAPTER 1

合理化建议活动概述

一、合理化建议活动的内涵

现代汉语词典对"合理化建议"的解释为：设法调整改进，使管理更合理。1986年6月4日国务院修订发布的《合理化建议和技术改进奖励条例》指出：合理化建议是指有关改进和完善企业、事业单位生产技术和经营管理方面的办法和措施。合理化建议的范围很广，涵盖战略管理、生产管理、销售管理、财务管理、人力资源管理、现场管理等多方面。常见的合理化建议内容见表1-1。

表1-1 合理化建议内容

类别	参考项目
优化管理	现代先进管理方法、工具的创新和应用建议
	组织治理、部门协调的改进建议
革新技术	经论证的新技术、新材料的引进和推广建议
	工艺、设备、技术、安全、环境保护的改进建议
成本控制	节约能源的措施建议
	优化资源配置、节约物料、废物利用、减少各种消耗的建议
	作业、工序、流程的改进建议
开拓市场	健全产品结构、优化交付机制、提升品牌价值的建议
	拓宽渠道网络、完善销售体系的建议
	提高公司反应敏捷性、在市场竞争中增强实力的建议
促进内部协调	企业文化和职业道德建设方面的建议
	平衡工作生活、提高士气与凝聚力的建议
	提升企业社会形象的建议

概括而言，合理化建议活动是指员工以改进现行运行和管理体制，提高产品质量，简化工艺程序，节约材料和工作时间，提高生产安全性，加强环境

保护、劳动保护等为目的向企业提出的具体建议,建议不仅仅指出目前存在的问题与不足,而且提出相应的解决方案;在员工提出提案后,企业或组织选择优良且有效的提案加以实施,并给予提案者适当的奖励。这种系统地处理员工提案的方法,也被称为"合理化建议制度"。

合理化建议活动也是一种规范化的企业创新改善与内部沟通形式。通过合理化建议活动,鼓励广大员工对企业的生产经营活动提出改进建议,下情上传,并与企业管理者保持经常性的沟通,是员工参与企业管理的重要途径,也是企业运用集体智慧的一个重要手段。国内外很多著名的优秀企业,如海尔、奥克斯、丰田、通用电气、西门子等公司都有各自特色的合理化建议制度。这些优秀企业的实践证明了合理化建议活动是充分调动职工参与企业管理、促进组织革新、降本增效的重要途径。

二、合理化建议活动的发展过程

德国企业家克虏伯先生于1872年首先提出了合理化建议管理的概念,但合理化建议活动是在美国企业得到首先实施的。1898年,伊斯曼·柯达公司的老乔治·伊斯曼设立了美国企业的第一个合理化建议箱。据柯达企业史记载,第一个给公司提出合理化建议的是位普通工人。在随后的发展中,柯达公司形成了一套健全的合理化建议处理程序,由专职经理负责,并有专门部门进行研究、分析、审查、采用和推广。柯达公司在开展合理化建议活动中尝到了甜头,大大减少了生产过程中的不合理现象及其浪费,经济效益得到了明显改善,在诸如劳资关系、企业文化和职工智力开发等方面也受益良多。

虽然合理化建议活动最早在美国企业得到运用,但受后续世界政治经济格局动荡的影响,并未在美国大范围推广。20世纪50年代,日本企业开始推行合理化建议活动,合理化建议活动和质量管理小组(QC)活动的有机结合,成为日本企业管理的一大特色。全员参加的QC活动,是日本企业从美国式管理转向日本式管理的标志,同时也标志着合理化建议制度的成熟。通过QC活动,员工参与管理的意识和积极性被激发,这是日本战后经济复兴的重要特征之一。

1951年5月,丰田汽车工业公司正式制定了合理化建议制度(即后来的Kaizen,也称提案改善制度)。当年的合理化建议提案数就达到789件,之后人均合理化建议提案一直保持在较高水平。特别是1984年,人均提案数为40.2项,按月平均,每人达3.5项之多,创造了合理化建议的历史记录。虽然随后的合理化建议数量有所下降,但在1988年,平均每人提出23.6项合理化建议,仍保持在较高的水平(表1-2)。

表1-2 丰田公司合理化建议提案数的变迁

年份	提案数	累计提案数	平均每人提案数
1951	789	—	—
1974	454 552	1 000 000	10.6
1984	2 149 744	10 000 000	40.2
1988	1 903 858	19 000 000	23.6
2000	659 689	22 000 000	11.9

资料来源:张文胜,徐玉军.日本企业内技能人才培养机制在我国的应用及启示[J].华东经济管理,2008,22(10):137-140.

20世纪90年代,丰田公司完善了准时化生产方式(JIT),成为全球汽车界最具竞争力的企业之一。此时,丰田的提案改善制度(Kaizen)已不再限于收集与业务相关的发明方案,每一个员工都可以自由地就企业生产运营中的任何问题提出各种建议,因此,提案改善制度在加强员工的参与意识、提高员工的劳动热情方面取得了良好的效果。至今,这个制度坚持不懈地实施了60多年,得到了员工们的大力支持,其最重要的直接效果是:最了解生产第一线情况的员工更加致力于改进各自的工作。提案改善制度对提高丰田汽车质量、使丰田能够走在世界汽车业的前列起着至关重要的作用。

中国合理化建议活动的发展始于20世纪50年代。新中国成立初期,国家确定了"技术引进"的方针,以156个工程项目为核心,主要从苏联及东欧国家引进了大型成套的技术设备。为调动各方积极性,尽快消化吸收引进的技术,于20世纪50年代开展了"工人合理化建议运动",并在1954年5月6日的政治协商会议①上通过了《有关生产的发明、技术改进及合理化建议

---

① 全国人民代表大会于1954年9月成立。

的奖励暂行条例》,此举促进了中国国民经济的复苏与发展,并为大规模经济建设奠定了技术基础。以"两参一改三结合"为核心的"鞍钢宪法"便是这一时期的中国式"合理化建议制度"的最早形式。由于这一时期特殊的政治和社会原因,"鞍钢宪法"并未真正得到推广落实。而1966年开始的"文化大革命",导致企业的各项管理制度受到冲击和破坏,企业的合理化建议活动陷于停顿。20世纪70年代末,随着改革开放政策的确立,我国从日本引进了全面质量管理技术,重新开始了"QC小组"和"合理化建议"活动,合理化建议活动得到恢复和发展。

三、合理化建议活动的主要形式

自克虏伯先生1872年提出合理化建议管理概念以后,各国企业在企业经营管理实践中,创造出了众多各具特色的合理化建议制度,如西门子公司的"3i"管理,通用电气公司的"群策群力(Work-Out)",丰田公司的"提案改善制度(Kaizen)",以及"鞍钢宪法""一点课"活动等合理化建议形式。

(一)西门子的"3i"管理

西门子公司的合理化建议活动有一个特别的称呼:"3i"管理。"3i"即建议(ideas)、激励(impulses)、主动性(initiatives)。"3i"对合理化建议活动的几个要素进行了很好的概括。1997年,西门子公司明确成文提出"3i"项目,旨在面向员工进行合理化建议的流程管理。下面就"3i"管理做一个简单介绍。

1. 直接建议与间接建议

"3i"管理将合理化建议分为直接建议和间接建议两个基本模式。

直接建议是指公司的每一个员工,在工作中如果发现一些可以改进的地方,并且对这些地方有一定的思考,不管问题是否属于自己的职权之内,都可以直接向相关主管提出建议,相关主管会尽快判断并给出答复,如果建议不能采用,将详细告知不采用的原因。在直接建议的过程中,如果员工觉得自己没有被采纳的建议是对公司有所帮助的,依然可以再去找"3i"办公室沟通,这样可以保证员工正确合理的建议切实地对公司有价值。

间接建议则是指员工如果发现自己的建议不知道如何向上反映,无法找到直接负责人,那么员工在确认事情确实需要解决并且可以解决的情况下,可以将建议直接提交到"3i"办公室,然后由"3i"办公室出面去找专门的管理者。为此,西门子提供了便利的内部沟通渠道,西门子所有员工的联系方式是公开的,内部网上任何一位员工都可以查找到所有管理层人员的联系方式,包括主管部门、E-mail、手机和办公室电话。

与许多企业不同,西门子公司不对合理化建议划分类别。在员工直接建议盛行的西门子内部,部门经理的作用显得至关重要,部门经理需要对员工针对本部门的合理化建议直接做出判断。这种类似于"上级主管管理模式"的方式不仅极具针对性,而且大大缩短了建议从提交到反馈的流程,其效率最高且最易实现。

2. 合理化建议的奖励

西门子合理化建议的现金奖励分为两部分:一种称为一次性奖,另一种叫经济价值奖。例如,员工的建议改进了流程、提高了质量、缩短了工时、提高了工作的安全性,甚至在环保方面做出了贡献,通常采用一次性奖励的方式,最高奖励金额有一定的额度限制,如不超过8 000元人民币等。

经济价值奖奖励额度是根据员工建议实施之后所带来的经济价值计算的。西门子公司计算合理化建议的经济价值时,考虑了合理化建议本身所带来的经济价值、执行的成本等要素,奖励价值一般为经济价值的20%,但有一定的上限,如最高15万元人民币等。奖励由相对独立的独立核算的受益部门发放。有资料表明,尽管西门子为此付出了巨额的奖金,但是西门子公司却因此每年削减了2.5亿欧元的成本。

3. 员工主动性的保护

西门子对合理化建议进行奖励的目的是提高员工的积极性,发挥员工的主观能动性和创造性,集众人之智谋企业发展。在西门子,员工只需要做好本职工作便可以获得全额的工资收入,而合理化建议是员工额外的付出,因此,公司明确的政策和严肃的制度支撑,使员工在"可以作为"的时候,便会认真地对待周围的工作,去发现自己职责之外的许多问题。此外,反映渠道的畅通也保证了员工在"能作为"时,便会主动地追求"有作为"。

对于暂时不能采纳的员工建议,西门子有非现金奖励机制,如发放礼品、给予鼓励等措施。此外,如果员工提出的建议在三年之内得以实施,便同样可以获取同等奖励,这就是三年保鲜期制度。此时,"3i"部门要专门进行相关调查:为什么三年前没有实施?是什么条件或者环境发生了变化?这样一来,使得员工的建议从制度上有了完善的保障体系,从而保护了员工的积极性。

(二)通用电气的"群策群力"

群策群力(Work-Out)是通用电气公司CEO杰克·韦尔奇在20世纪80年代末开始的推动公司文化变革的举措,其目的在于将GE这家有百年历史的老企业从官僚主义和繁杂而低效率的工作程序中解放出来,快速地发动组织成员集体参与到决策过程中,从而支持组织变革、解决问题和改进流程。

"群策群力"是一个非常简单、直接的过程,几个跨职能或级别的经理和员工组成小组,提出企业中需要解决的问题(通常是简化工序、提高生产力、提高利润等),然后逐步提出建议,并在最后决策会议上把这些建议交给高级主管,高级主管当场对这些建议做出"行"或者"不行"的决策,并授权给提出建议的人,让他们实施那些被批准的建议,之后,定期检查实施进度,以保证确实能够得到结果。"群策群力"可以看作是头脑风暴法和提案改善制度的结合,并在问题现场、短时间内实施改善。

表1-3 群策群力的步骤和流程

步骤	内容
策划	确定需要解决的问题,并确定该问题得到了上级的认可与支持
开展	集合与问题相关的各部门与各阶层员工,采用"实地调研""头脑风暴"及"城镇会议(Town-hall meeting)"等各种方法,进行问题解决方案的探索与遴选
实施	将得到上级认可的、可执行的解决方案开始切实地执行落地
侦测	在执行的过程中,侦测出现的差异和问题,并及时地进行调整
总结	在执行结束后,对整个过程的优点和不足进行全面而深刻的总结,提出改进注意事项
庆功	对相关有功人员进行大张旗鼓的奖励、表扬和宣传

就本质而言,"群策群力"其实是个很简单的概念,它有一个假设前提,就是最接近工作的人必然最了解工作,不管他们的职务和岗位如何,当他们的想法被当场激发出来并化为具体行动时,整个企业就会充满难以估量的

活力、创造力和生产力。

企业在严格的等级、职能划分中,形成了不同的边界,由于人们长期被限定在自己的边界范围内思考、行动,最终形成了固有的思维与行为模式,而不会想到,也没有勇气去跨越边界。"群策群力"试图在企业内部建立一种平等的、无边界、无障碍的沟通环境,并通过这样的环境凝聚员工的智慧。在"群策群力"过程中,每次在提出具体业务问题的同时,还需要从下面五个方面帮助企业发展,即关注延伸性、开发系统思考、鼓励横向思考、赋予真正的权力和责任、迅速制定决策。

1. 关注延伸性

所谓"延伸性"就是指明显超过组织现有绩效水平的目标或挑战。假如目标不高或是只提高一点点(如目标仅仅是改善5%),大家就会只加强现有的工作,或是稍微做点改变。但当企业目标定得很高时,如要求大家把改善幅度提高30%~50%时,人们就不得不退回原点,从根本上重新思考现有的工作流程与工作方式。这一过程能够使企业重新思考它的目标和流程,从而更好地理解组织目标和战略。

2. 开发系统思考

"延伸性"的概念会打破旧有的常规,进而让员工意识到自己不能再墨守成规。为了让员工对如何达成延伸性的目标有不同的看法,需要企业员工从系统的角度看问题。企业的业务流程不但遍及组织内的各个部门,甚至还可能涵盖公司以外的团体,如供应商和顾客等,没有一个部门或企业单位可以独立完成,因此改变一项计划很容易影响到其他的计划。群策群力要求人们采用系统的看法看待组织目标,不能局限于自己的范围思考问题,而是能拓宽视野,站在企业的高度看待问题。

3. 鼓励横向思考

一旦"群策群力"活动的参与者感受到改革的紧迫性,并开始观察目前的整体情势,自然就会集中精神思考新的好点子,以及有哪些不同的做法可以达成伸展的目标。"群策群力"活动以跨部门的流程图为起点,通过头脑风暴,鼓励大家提出任何新的想法,并跳出思考的框框,挑出最好的点子,然后转化为改革的建议。

4. 赋予真正的权力和责任

通常,企业中很多人都会有"如何用不同的方式工作"的想法,但没有动力去实施。通过群策群力,把权力赋予拥有想法的人(一般为提案人或对问题有兴趣的人),营造了一种使想法变为行动和成果的文化氛围。

5. 迅速制定决策

由于"群策群力"活动要求每个主持会议的高级主管对每一个建议,都要在被称为"Town-hall Meeting"(城镇会议)的会议中立即做出"行"或"不行"的决定,所以,这让企业做出决策的时间不再是几天、几周或几个月,而是几分钟。那些被接受的建议被分配给自愿执行的经理,由他们来实现。这样,一个建议从提出到执行仅需要 90 天或更短的时间。这里,"群策群力"的逻辑是:识别问题,刺激多元化的参与,提供一种加速决策和行动的机制。

(三) 鞍钢宪法

20 世纪 50 年代初期,我国实施了第一个五年计划,由于新中国成立后工人当家做主的热情高涨,在工商界掀起了一股工人参与管理的热潮,开展了以"干部参加劳动、工人参与管理、大搞技术改造,干部、技术人员和工人三结合"的群众革新运动。"两参一改三结合"这一概念起源于济南的一个百人左右的面粉厂,那时主要是"两参一改",强调的是精简干部及提高效率。不久,陕西庆华工具厂也推出了自己的"两参一改",主要特色是向苏联专家确立的工艺流程提出质疑与挑战。到 1958 年 12 月,重庆长江电工厂在推行"两参一改"的基础上提出了"两参一改三结合"的方案。作为新中国成立初期我国工业界最大的钢铁企业,鞍山钢铁公司也开展了如火如荼的"两参一改三结合"活动。最终由毛泽东主席将这一概念赋予了鞍钢。毛泽东提出"鞍钢宪法"这一概念,是相对于苏联的马格尼托戈尔斯克钢铁厂的一套管理制度(简称为"马钢宪法")而言的。

鞍钢宪法作为毛泽东主席批示的社会主义企业管理的根本纲领,在企业管理实践中有一系列管理制度和管理方法支撑,这些具体的管理制度包括:技术表演竞赛、一条龙协作赛、技术研究小组和职工代表大会等。

表1-4 鞍钢宪法的主要内容

形式	内容	目的
技术表演竞赛	技术操作、工作方法改善	提升效率与传播知识
一条龙协作赛	上下工序的衔接与协同	打破本位主义和部门壁垒
技术研究小组	三结合小组、诸葛亮会等	团队精神与技术创新
职工代表大会	职工代表参与决策	激发工人参与热情与主人翁意识

技术表演赛是一种搜集工人的技术诀窍，进而在企业中进行传播的一种技术扩散方式。在这种形式下，知识与技术诀窍的搜集和传播同时进行，特定的、具体化的技术及其内含的隐性知识转换为显性知识并迅速在企业内扩散与传播，从而促进了知识在企业部门间的自由流动。

技术竞赛的另一成果是增加了技术创新与决策中的员工自治权。技术竞赛意味着工人在竞争中主动地研究新技术，这种企业内部的技术竞赛从个体之间的竞赛发展到机器设备相同或相似的小组、车间之间的竞赛，这意味着各个小组、车间都有一定的决策权来决定如何采取与竞赛对手不同的生产技术及不同的管理方法，从而争取在竞赛中胜出，这样，工人和基层管理人员获得了一定的生产技术决策权。技术表演赛与技术竞赛的推行使技术更新、工人的技能升级成了一个持续不断的过程，使得创新成为整个企业的中心活动。

一条龙协作赛充满了中华文化的传统智慧。在鞍钢的一条龙协作赛中，各个部门围绕下游的核心部门，这个部门往往被形象地称作"龙头"，"龙头"带动"龙身""龙尾"，通过参观、访问等方式进行有效的沟通，解决了企业生产部门之间的衔接和连续性问题。而且，这种方式最明显的一个特点是各个部门、工序之间的协调不是来自于上级部门的行政命令，而是各个部门通过彼此之间的沟通来完成的，这与今天企业中的流程管理十分接近。

技术研究小组具备团队工作的萌芽形态。"泰罗制"的最大特点是专业分工，工人是标准的执行者，工人的工作如卓别林在电影《摩登时代》中所扮演的拧螺丝的工人的形象。而在三结合技术研究小组中，工人、技术人员、干部都有一定的专业技能，在解决所面临的问题时，往往需要三者共同合作创造出新的知识才能找到问题的答案。三结合小组与现今的团队工作所担负的职能非常接近。

职工代表大会是企业民主管理的体现。鞍钢宪法是社会主义民主在企业管理领域的初步尝试，蕴含着丰富的民主与平等思想。工人通过自己的代表来对管理层施加影响，管理层在做出决策时要把工人代表的意见吸纳进来，鞍钢的职工代表大会制度体现了企业管理中的民主原则。通过参与职工代表大会的活动，以及在班组层面上进行的日常核算，参与到了企业的决策之中，从而提高了自治、自主程度，激发了对于企业的参与感及主人翁意识。由于20世纪50年代末、60年代初出现的国民经济困难等诸多因素的影响，"鞍钢宪法"未能真正得以全面推广，但职工代表大会制度在我国企业制度中被保留下来,一直延续至今。而小组核算制度则在日本企业家稻盛和夫的"阿米巴"哲学中得到了很好的体现,也算是"墙内开花墙外香"吧。

(四)丰田的提案改善制度

《改善:日本企业成功的奥秘》一书的作者今井正明先生认为,丰田成功的关键在于贯彻了Kaizen(持续改善)的经营思想。Kaizen是一个日语词汇,意指小的、连续的、渐进的改进,如持续减少搬运等非增值活动、消除原材料浪费、改进操作程序、提高产品质量、缩短产品生产时间、不断地激励员工等活动。

Kaizen的基本思想是消除七大浪费,这七大浪费包括过量生产的无效劳动、等待的时间浪费、运送的无效劳动、加工本身的无效劳动和浪费、库存的浪费、动作上的无效劳动、制造次品的无效劳动和浪费。在后来的发展中,还加上了潜能未发挥的浪费,这样就变成了消除八大浪费。

1. Kaizen的步骤

丰田公司的提案改善制度的实施步骤大体上类似PDCA/SDCA循环,一般分为五个步骤,见表1-5。

表1-5 Kaizen的步骤

步骤	内容
现状量测	制订区域数据信息收集计划;改善重点区域;现状汇总并拍照记录
分析	改进机会优先排序;定义区域类别;分类现场;区域目视化标识的规划设计
改善	制订可行的解决方案;优化选择方案
改进	反馈问题解决方案、改进实施
控制	建立现场改善的标准和维护制度;运行并维持改进效果

2. Kaizen的特征

丰田的持续改善活动,强调的是从细节入手,每次进步一点点。因而Kaizen具有以下特征:

① 长期的和持久的,但不显著的;
② 许多的、小幅度的;
③ 连续的和增量的;
④ 逐步的和稳定的;
⑤ 涉及每一个人;

⑥ 集体主义、团队奋斗和系统方法；
⑦ 传统的诀窍和达到最新的技术发展水平的目标；
⑧ 分散：许多项目同时进行；
⑨ 强调较小的投资,但非常努力维持；
⑩ 向人员倾斜；
⑪ 争取更好结果(能力)的过程。

Kaizen 似乎显得小打小闹,润物无声。但相对于一触即发式的创新思想而言,Kaizen 思想所带来的哪怕是微不足道的细微效果其终局往往是颠覆性的、革命性的。它要求每一位管理人员及作业人员,要以相对较少的费用来连续不断地改进工作。长期而言,这种阶梯式的持续进步足以获得巨大的回报。同时,Kaizen 也是一种低风险的方式,因为在改善的过程中,如果发觉有不妥当之处,管理人员可以随时回复到原来的工作方法,而不需耗费高昂的成本。从这个意义上说,丰田 Kaizen 生产方式作为一种不做无用功的精干型生产系统,其核心思想不外乎两点,第一是"杜绝浪费",即有效的成本控制;第二是"持续改善",出自世界著名的质量管理专家戴明(W. Edwards. Deming)博士"连续改进质量"的思想,即把产品和过程的改进看作一个永不停止的、不断获得小进步的过程。

（五）"一点课"活动

近几年,我国一些企业将全员生产维修(TPM, Total Productive Maintenance)中的"一点课"培训加以扩展,鼓励员工通过"一点课"形式,确立"岗位就是课堂"的意识,鼓励员工在工作中"多一点发现、多一点思考、多一点创新、多一点行动",为员工搭建学习和成长的平台,满足员工成才的需要,并将员工的成长需求与员工岗位工作联系起来,鼓励员工开动脑筋,共同解决和处理企业生产过程中的疑难问题,提高全员的业务和技术素质。目前,"一点课"活动正成为一种新的合理化建议活动形式在企业中开始得到传播。

1. "一点课"活动的内容

"一点课"(OPL, One Point Lesson)一般被称为单点课程,是一种在现场进行培训的教育方式。OPL 是针对班组中某位员工遇到的疑问事项,包括技术问题或难点故障等,由能够较好地解决问题、处理故障的人员编写简易教材,召集相关人员进行集中讲解,从而实现信息资源的共享、经验的积累、教育效率的提高。下面就"一点课"活动的大致内容进行说明。

课程内容：课程主题涉及的范围很广，但每次课仅涉及一项内容，内容一般包括设备结构知识、设备污染源控制方法、清扫困难源改善方法、故障隐患及安全隐患的解决方法、设备清扫规范、设备点检规范、设备保养规范、改善提案或合理化建议等。题目要与现场活动相结合，题目不能太大，课程时间一般为10分钟左右。所以，"一点课"还有一个名称，那就是"10分钟教育"。

教材：只有一页纸，并且要图文并茂。"一点课"课程一般是利用班前会较短的时间来完成培训过程的，所以编写教材时，必须简单明确、条理清楚、字体整齐，能够让人一看就清楚。也可以使用图表、漫画、照片，甚至可以使用现实物品和实例。

课程开发者：企业现场员工，而不是专业的企业讲师。在"一点课"活动的早期，"一点课"课程撰写者如果能力有限，可以由工程师或者企业内有关的技术人员帮助开发，但"一点课"强调的是员工参与，因此普通员工是"一点课"课程的开发者，并且也应该是课程的讲授者。

不脱产培训：进行"一点课"活动时，员工集中在现场不脱产进行训练。"一点课"活动使员工人人成为老师，养成学习的习惯，并为员工提供了一个展示风采的舞台。

2. "一点课"活动流程

企业在开展"一点课"活动过程中需要制定相应的流程规范，以便"一点课"活动能够持久深入下去。常见的活动流程如图1.1。

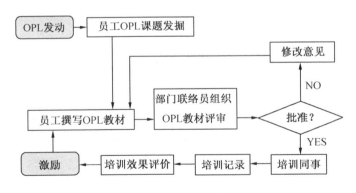

图1.1 "一点课"活动流程

"一点课"活动流程中，在活动发起时，要注意激发和鼓励那些有经验和心得的员工将自己的经验编写成教材，贡献出来，通过他们的行动鼓励和带动全体员工共同参与;在课题发掘方面,要引导员工发现问题,把看到的问题说出来,把想到的方法写下来;在课程开发后要善于总结归纳,将员工好的课程公开展示,并整理成册,作为今后新进员工的培训教材;最后是表彰和激励,使员工从整个过程中获得荣誉感和成就感。

四、合理化建议活动的管理意蕴

合理化建议活动的产生和发展是与企业管理的发展密切相关的,其实际效果都是促进企业的可持续发展。无论是东方企业还是西方企业,合理化建议活动作为一种改善内部沟通、员工参与管理和知识创新管理的手段与方式得到普遍的认同。

(一)改善内部沟通

与有血缘联结的家庭组织不同,企业是由众多具有不同利益和目标的个人组成的利益群体,制度和共同的目标是企业员工之间的联结纽带。由于个人目标的变化和众多个体目标的相互冲突,协调彼此的目标成为企业管理中非常重要的内容。有学者指出,管理者需要花 70% 的时间用于内部沟通,由此可见企业内部沟通的艰巨和重要。

彼得·德鲁克(Peter. F. Drucker)曾言:"一个企业不是由它的名字、章程和公司条例来定义,而是由它的任务来定义的。企业只有具备了明确的任务和目的,才可能制定明确和现实的企业目标。"现代企业目标的制定正是通过企业内部行之有效的沟通机制来得以完成的,这种沟通交流既可以是口头的,也可以是书面的,还可以通过其他媒介来进行。

企业内部沟通困难是企业内部管理最常见的问题之一。许多企业已经开始重视沟通问题,然而沟通不良仍是每个企业都存在的问题。企业规模越大,组织机构越是趋于复杂,其沟通效率就越低下。最底层的许多创造性的建议还没有传递到最高管理层,就已经面目全非了;而最高管理层的管理决策,常常在传递到基层员工时,已经失去其准确性和时效性。有学者统计,如果一个信息在高层管理者(董事会)那里的正确性是100%的话,到了信息的最终接受者(职工)那里可能只剩下20%的正确性(如图1.2)。这是因为,在进行这种信息沟通时,信息传递中间的各个层次都会把接收到的信息进行有意识或无意识的处理,信息被传递者按自己的理解下传,造成传递到最底层的信息与高层管理者的最初信息相去甚远。

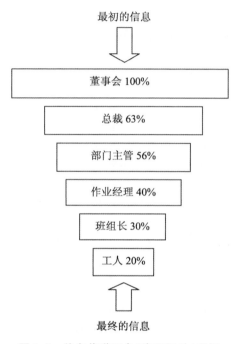

图1.2　信息传递现象(沟通漏斗)实例

　　合理化建议活动在企业内部沟通上有其独特作用。首先,合理化建议活动增加了企业内部的沟通渠道。合理化建议箱的设置,使得企业员工可以方便地向组织最高管理者就企业运营过程中存在的问题提出自己的想法和建议,而高层管理者必须在一定时间内做出回应。这样,企业内部便形成了双向沟通通道,高层管理者对基层决策执行的效果有了更多的了解渠道。我国国有企业中,普遍有通过职工代表大会、工会等机构监督企业经营管理的惯例,审议企业重大决策、评议监督企业管理者等。大部分国有企业由工会每年举办合理化建议活动,管理层对职工的合理化建议必须做出回应,客观上强化了管理者与职工之间的沟通。其次,管理者参与合理化建议的评议会议,而这类评议会议采用圆桌会议的形式,与会者平等地讨论提案中提出的问题,提案的解决方案由员工参与决策,客观上起到了下情上传、上情下达的作用,决策信息的传达也更为准确。

(二)员工参与管理

让员工参与公司的决策,是公司给予员工的最大尊重,没有什么比这种方式更能提高员工的士气了。日本著名企业家松下幸之助曾说过:"领导者再强,但员工冷漠,仍难于推动工作,必须设法使每个人都自认为自己是负责人。"让企业员工真正成为企业的主人,培育他们的主人翁意识,激发他们为企业积极工作、不断创新,是现代企业管理的重要任务。员工参与管理的具体形式见表1-6。

表1-6 员工参与管理的六种形式

名称	内容
质量小组	质量小组是指员工们定期开会讨论质量及相关问题的小型团体,是制造型企业组织最常用的一种员工参与管理形式。质量小组成员通常为一线员工,他们对生产过程及工艺要求非常熟悉和了解,通过定期的讨论交流,可以在生产中发现问题、识别问题并提出切实有效的解决方案,促进产品质量的提升
合理化建议	企业职工根据某项事物合理化的需要,以合理化建议书的形式,向企业提出改进方案、方法等方面的建议措施
沟通参与	沟通参与即下级和一般员工能有较多的机会与上级进行沟通交流,以使管理阶层和一般员工进行沟通融合,促进双方的相互了解,建立信任关系。有效的沟通参与,可从心灵上挖掘员工的内驱力,同时也可拉近员工和管理者之间的距离,促进参与管理效果的提高
劳资协商制度	劳资协商制度即在公司内以工会为一方,以公司资方或经营者为一方,定期召开劳资协商会议,共同协商企业生产经营管理中需解决的问题,主要包括与员工切身利益相关的工资、福利、奖惩、劳动保护以及劳资纠纷等,是员工参与管理的主要形式
员工持股制度	员工持股制度也称员工股份所有制方案,是指(部分)员工拥有所在公司一定数额的股份,将员工的利益和公司的利益联系在一起,可使员工在心理上体验做主人翁的感受,能够提高员工工作满意度,提高工作激励水平,使员工转变"为公司打工"为"为自己拼搏"的心理态度,是公司留住人才、激励人才的重要举措
员工董事监事制度	员工董事监事制度即员工代表进入董事会监事会,参与企业重大决策,享有决策权。此种参与形式属于较高层次的参与管理形式,但对参与员工的能力素质和参与管理的经验要求较高

员工参与管理的各种形式所体现的权利按层次由低到高递进大致可分为：知情权、建议权、协商权、监督权和共决权（如图1.3）。知情权和建议权属于较低层次的权利，而协商权、监督权和共决权则属于较高层次的权利。显然，合理化建议活动在员工参与管理上起到了积极作用。

图1.3　员工参与管理的各种形式所体现的权利

在合理化建议活动中，员工的建议能及时得到管理层的回复，员工的建议权、协商权和监督权得到了尊重；在改善提案的创设和改进方案的设计中，企业员工直接参与方案的设计和决策，从而拥有了一定的共决权，特别是与自身工作相关的流程、方法和制度的共决权得到了尊重。无疑，合理化建议活动的开展能够有效地促进员工参与企业管理。

（三）知识创新管理

知识是指通过学习、实践或探索所获得的认识、判断或技能，是人类文明进化及智慧的产物，是人类的一个基本特征。知识可以是显性的，即能以一种系统的方法表达的、正式而规范的知识；也可以是隐性的，即高度个体化的、难以形式化的知识，通常以个人经验、意会、感悟、团队默契、技术诀窍、组织文化、风俗等形式存在，是难以用文字、语言、图像等形式准确表达的知识。知识可以存在于个人的头脑中，也可以存在于组织的风俗、文化与技术诀窍之中。在当代社会，知识已不同程度取代了传统的土地、劳动力、资本而成为企业最重要的生产要素，是企业现实生产力和核心竞争力的最重要来源。

知识管理就是在企业组织中建构一个知识系统，让组织中的信息与知识，通过获得、记录、存取、分享、整合、更新与创新等过程，形成能够创造顾客价值的智慧资本，解决企业面临的问题，从而实现企业组织的可持续发展。简言之，知识管理就是建立知识分享机制，以解决企业组织中出现的问题。

日本管理学大师野中郁次郎以英国学者波兰尼的知识两分法为基础，进行了显性知识和隐性知识之间的转换研究，提出了著名的SECI模型。

SECI模型阐释了知识转化的四种基本模式：潜移默化(Socialization)、外部明示(Externalization)、汇总组合(Combination)和内部升华(Internalization)。"潜移默化"是指隐性知识向隐性知识的转化，是通过共享经历形成隐性知识的过程，而获取隐性知识的途径主要是通过观察、模仿和实践，而非语言文字；"外部明示"是指隐性知识向显性知识的转化，是将隐性知识用显性化的概念和语言清晰表达的过程，其转化手法有隐喻、类比、概念和模型等；"汇总组合"是指显性知识和显性知识的组合，是通过各种媒体产生的语言或数字符号，将各种显性概念组合化和系统化的过程；"内部升华"是指显性知识向隐性知识的转化，是将显性知识形象化和具体化的过程，通过整合得到的新的显性知识被组织内部员工吸收、消化，并升华成其自身的隐性知识。显性知识和隐性知识二者的相互转化实质上是一种螺旋式上升的知识创造的过程，是一个"干中学"的过程。

合理化建议活动是一种渐进式的打破现状不断改进的改善活动，这种改善不同于激烈的创新和变革，尤其适用于变化相对平缓的经济环境中。合理化建议活动与创新并行不悖，只有改善与创新并行，企业才能适应环境的变化。因为仅有革新，则无法使革新取得的新水平维持下去，缺乏维持向上的、持续改善的努力，任何优秀的系统都会趋向效率低下之路。好不容易实现的革新，如果不能用改善来强化，维持其成果，并将标准升级，则变革效果也将无法充分发挥出来。因而，合理化建议活动是企业创新变革过程中不可或缺的内容。如图1.4。

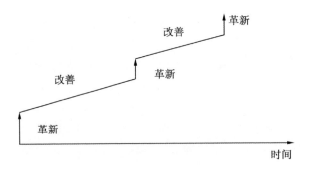

图1.4 变革与改善示意图

合理化建议活动可以看作是将个人的研究成果和知识转换成为组织知识的一种有效的途径。组织中提案创造包括三个流程：发掘问题、解决问题和实施解决方案。发现问题依赖于员工的既有知识和问题敏感性，是员工运用既有知识的过程,在员工撰写提案过程中,将个人的经验及特有的工作知识转化为书面化的信息与数据;发现问题后,便是思考如何提出对策解决问题,在思考对策过程中,员工间的讨论使得相关的经验与看法得以传递、转换和传承;在改善过程中,除需具备对该项工作的知识、技能外,还需有解决问题的热诚与能力,同时团队合作也必不可少。这样,知识在团队或小组内部便得到了共享。经实施验证产生一定效益的优秀提案,通过企业内部相应的各种沟通途径(如企业网站、内部会议、墙报等)公布,提供给全体员工分享,从而实现了组织的知识共享。

从这里可知,合理化建议活动的流程和知识管理的流程具有相当程度的契合,有助于组织的知识创造和隐性知识的显性化;提案改善运作的机制,也有助于知识的系统化和传承。管理归根到底是通过工作去发展和完善人。合理化建议活动并不是简单追求最终结果的一种手段,而是通过全体员工的参与,以提高员工合力经营的意识,进而形成知识管理的氛围,是个人知识上升为群体知识,最终固化为组织知识的重要途径。

CHAPTER 2

合理化建议活动的组织实施

一、合理化建议活动的组织管理

组织管理是企业开展合理化建议活动的制度基础,建立健全相关的组织机构是保证企业合理化建议活动走向成功的保障。企业在开展合理化建议活动时,需要设立相关的组织机构,并赋予其相应的职责与权力。尽管不同企业开展合理化建议活动的组织形式各不相同,但一般都包括合理化建议活动推进小组以及合理化建议评审小组两个核心部分。

合理化建议活动推进小组主要负责企业合理化建议活动的推进与日常管理,一般由企业的高层管理者兼任组长,各部门的合理化建议推进责任人是该小组的成员或专员。他们的主要职责是合理化建议的收集、汇总,并负责向员工反馈合理化建议的评审与实施情况,在企业推进合理化建议活动中起引导和推动作用,他们需要对合理化建议的数量及员工的参与程度承担责任。

合理化建议活动评审小组的成员是企业的技术专家、管理专家和成本专家,他们对本企业的技术与管理非常熟悉,能够对合理化建议的价值和可实施性做出判断,同时对合理化建议活动的成果进行评估,为合理化建议活动的成果提供奖励依据。评审小组公正和客观地评价合理化建议的多维效果,是企业合理化建议活动持续进行以及走向成功的关键和保证。

随着信息技术的发展,合理化建议活动的管理越来越多地运用网络技术,通过流程规划与设置,使得合理化建议活动的开展更为便利和普及。通过运用企业的内部网络系统,员工不仅能直接输入合理化建议,而且可以直接查询所有合理化建议的内容、执行情况等信息,从而使合理化建议活动更加透明和便利。

企业的规模与生产经营方式形式各有千秋,因而,合理化建议活动的管理模式多样,但概括起来大体上有中央管理模式、上级主管模式、团队模式和职工代表大会模式四种基本类型。

（一）中央管理模式

中央管理模式是企业传统的合理化建议管理方式。该模式的特点是设立合理化建议管理办公室(小组)作为合理化建议活动中各方利益的交流与协调机构。管理办公室任命"点子经理"，由其负责接收职工的建议，并对员工编写合理化建议予以指导，对合理化建议报告进行初审后转交给评审委员会。

评审委员会主席一般由企业领导任命，委员会成员包括点子经理、若干名技术专家和若干名工人（一般为技工）代表。该委员会的任务是对建议是否具有操作性及实施后能带来多大的经济效益进行评估，并在此基础上提出相应的奖励建议。该委员会对执行合理化建议的预算经费和实际效益负责。有些合理化建议在决定实施前还需专家论证鉴定。当奖金标准超出决策者的授权时由奖金评审委员会讨论决定。该委员会可以由企业总经理或部门经理、点子经理和工人代表、工会代表组成。

（二）上级主管模式

上级主管模式由基层部门领导直接负责职工的合理化建议管理，即从接收、评审到确定奖励金额度全部由基层部门领导负责。基层部门领导需要对本部门的合理化建议数量及员工参与程度承担责任。

该模式的特点是充分发挥基层部门领导的作用，由他们直接决定是否实施员工的合理化建议和奖金的高低。当合理化建议涉及的内容较为广泛或超出部门范围时，则须由上一级领导或专家来做相应的评估鉴定。当奖金标准超出基层部门领导的授权时，则由奖金评审委员会讨论决定。该委员会一般由企业领导、总经理或部门领导、点子经理和职工代表或工会代表组成。

（三）团队模式

团队模式也叫"主持人模式"，是企业合理化建议管理的一种新的现代化管理模式。该模式的特点是成立一个分散的"点子管理团队"，由其负责对员工合理化建议的评估和实施。"点子管理团队"可根据公司的组织结构或业务关系设立，由6～8人组成，其中包括一名经过专门培训的"主持人"和一名部门领导。"主持人"是从员工中选拔出来并经过合理化建议管理培训的技术人员,其负责"点子管理团队"的协调联络工作。若公司规模较大,可以设立几个"点子管理团队","主持人"还负责团队间的联络与协调。

"点子管理团队"收到员工的合理化建议后由"主持人"协调确定团队开会评审时间和地点。由于主管领导本身是"点子管理团队"成员,一般评审会上就能做出实施决定和奖励措施。如需专家鉴定或由奖金评审委员会讨论决定,则由"主持人"协调安排。

这一模式的最大优点是,有助于培养"主持人"的主动精神,对形成良好的创新文化氛围有积极作用。

(四)职工代表大会模式

新中国成立后,工人阶级当家做主的热情高涨,为体现这一要求,新中国成立初期,我国经济领域便确立了职工参与管理的制度模式,这便是职工代表大会制度。职工代表大会制度是公有制企业中职工实行民主管理的基本形式,是职工通过民主选举,组成职工代表大会,在企业内部行使民主管理权力的一种制度安排。

职工代表大会是职工行使民主管理权力的机构,工会依照法律规定,通过职工代表大会或者其他形式,组织职工参与本单位的民主决策、民主管理和民主监督。职工代表大会拥有对企业的重大决策进行审议、监督行政领导、维护职工合法权益的权力。其中,代表提案处理制度是职工参与管理的最主要形式之一。

代表提案处理制度规定,要结合职工代表大会工作,每半年征集一次提案;凡征集的提案,由工会负责分类整理,建立提案卡,交有关领导或部门认真研究处理和解答;领导对提案解答处理的期限,从接到提案之日起,不得超过30天,处理意见要通过会议或提案卡反馈形式与职工代表见面后归档。通过制度规定,确立了职工参与管理的方式与途径。

职工代表大会制度在统一员工思想、增强民主管理、加强企业领导班子建设、加快企业制度建设和企业财务公开等方面起到了积极作用。改革开放政策实施以来,职工代表提案处理制度为适应市场经济的要求,逐渐演变为合理化建议制度,丰富和发展了职工代表大会的工作内容。

为使合理化建议活动持续进行,企业管理当局需要制定相应的制度与流程,以规范合理化建议活动的展开。下面是国内某企业为开展合理化建议活动而制定的相关制度及苏州石路国际商城有限公司合理化建议活动的开展情况。

B 公司员工合理化建议策划方案

一、目的

鼓励员工对公司各个领域提出合理的意见。改进工作方法,提高生产率,增加经济效益,节约能源。体现以人为本的原则,以给员工工作减负、消除不安、消除不满为出发点;充分调动员工立足本岗的主动改善意识,提高员工的个人能力,从而实现公司的持续改进。

二、适用范围

公司内部所有在职员工。

三、相关部门职责

人力资源部负责合理化建议的收集整理工作,并组织相关部门及人员对合理化建议进行评审和采纳。同时人力资源部制定合理化建议的奖励办法,以保障员工对参与公司管理的热情。

其余部门负责参与合理化建议评审和实施。

四、工作程序

1. 定义

合理化建议是指任何员工个人或集体对公司生产、经营或管理的任何环节所提出的,具有可操作性的改进方法和措施。

2. 提出

合理化建议单放置于各部门办公室,员工可随时领取。各部门要确保任何员工都能随时得到合理化建议单。

3. 评审

人力资源部负责组织对员工合理化建议的评审工作。评审可采取有关部门人员签署意见或召开合理化建议评审会进行讨论的方式进行。评审人员应对合理化建议的可行性、经济性、安全性和时效性等方面进行综合评价,做出采纳与否的结论,结论应填写于合理化建议单中,并由评审人员签字认可。办公室应根据评审过程和结论填写评审意见。当合理化建议被采纳时,评审意见应有具体实施计划,以便合理化建议的落实;其他建议可采取暂缓采纳的方式处理对待。

4. 采纳

对于可行性、经济性和安全性效果明显的建议,由评审会制订实施计划(包括实施时间、进度、方法和责任人)后转交责任人实施。对于不可明确预测实施效果的建议,评审会负责制订相应的试验或试行方案,在小范围内对实施效果加以验证后确定具体实施方案。

5. 实施与跟踪

经采纳的合理化建议,应按照确认的实施计划,由相关责任人在规定时间内落实完成。人力资源部负责对合理化建议实施情况的监督和效果跟踪。

6. 奖励

一经确认建议符合合理化建议定义,由人力资源部负责对每项建议提出者颁发奖励金额,报有关领导批准。合理化建议的参与奖与采纳奖由人力资源部每季度统计一次,报总经理或副总经理批准后从财务部领取现金发放,并张榜向全体员工公布,以便全体员工了解。

小资料:

苏州市石路国际商城的合理化建议活动

对于石路国际商城而言,合理化建议不是一项成文张榜的规章制度,而是根植于企业文化深处的管理机制和传统活动。从商城开业的第二年(即1996年)起,至今已举办了17届。每年3月,由公司工会牵头、企业党政工分工协作,围绕企业每年的发展规划和大政方针确定活动主题,层层发动广大职工为企业的经营管理建言献策,为企业的健康发展创造了良好氛围和经济效益。

为将活动真正落到实处,每年3月,公司工会都会专题发文发起合理化建议月活动,并通过专题的晨会广播开展动员,并制作专门的建议表格发到各部门。各部门分工会主席和行政管理人员密切配合,广泛做好再宣传、再动员,积极引导和鼓励部门员工踊跃参与,并及时登记、收集好员工的每条建议,按时上报公司工会。公司党委也将该活动推树为党建特色项目,3月组织生活的重要内容就是发动组织党员干部建言献策,以此引导鼓励党员干部当好活动的组织者、参与者和推动者。

经过各条线、各层面的紧抓落实,上至公司高层领导,下至广大的厂方促销员(营业员),都能积极发挥聪明才智,踊跃投身建议活动。每年公司工会都能收到好几百条职工建议,如2012年"我为企业转型升级进一言"合理化建议活动,共收到广大党员干部职工的合理化建议920条。

在此基础上,工会认真做好建议的筛选、梳理、分类和归纳工作,并通过实地调研、现场采访等方式,确保建议在整理后更为准确到位、具有可行性。随后,工会将梳理好的建议分门别类地发到所涉及的部门,由部门制定实施意见提交总师室审议。公司行政领导班子不久后通过周例会的形式,和各部门负责人逐条讨论,形成书面答复意见后,再次反馈到相关部门,做好实施工作。对此,公司工会通过厂务公开栏、网络办公系统等方式予以公布,对采纳实施的建议给予奖励,并根据书面答复意见着力抓好建议的跟踪督办工作,每年的职代会上还要报告合理化建议的实施情况。这些举措让员工直观地感受到自己是企业大家庭中的一员,企业的发展有自己的贡献和力量。

合理化建议活动推动了企业的建设发展,如员工提出的"改进用电方案"、"周年庆营销方案"等优秀的建议,为企业创造了良好的经济效益,被市总工会评为优秀"金点子"奖。当然,也有许多建议看起来只是不起眼的小事,如员工餐厅和饮水间的条件需改善、工作服的穿着问题、员工上下班的通道秩序等,即便采纳了似乎也不能转化为靓丽的经济业绩,但是石路国际商城对此有不同的认识:职工的事情无小事,尤其是合理化建议活动是职工参与企业管理、抒发情感心声最直接的渠道,事无巨细都关系着企业内部的凝聚力和向心力,最终都将转化为劳动生产率,因此都值得予以关注和重视。

就这样,虽没有形成科学的明文规定,虽带有老式管理的印记,合理化建议活动就这样在石路国际商城流传了下来,以较为严谨的活动流程、有效的组织体系、广泛的参与关注,为企业的改革创新和建设发展发挥了独特的作用,成为企业文化和民主管理的重要组成部分,在职工与企业间架起了沟通、理解、支持、协作的桥梁。

(本材料由苏州石路国际商城有限责任公司工会杨婷玉于2013年供稿)

二、合理化建议活动的实施流程

在日常工作中,员工因每天接触大量的实际工作,对工作中存在的某些问题,往往有着较深层次的了解,并会产生许多好的改进设想和意见。这些设想和意见大多是触发式的,会随着时间的流逝而逐渐淡漠、遗忘。因此,如果合理化建议活动没有规律,带有很大的偶发性和随机性,凭着领导和组织者的喜好,什么时候想起来,什么时候开展一次,不仅难以在员工思想上引起对活动的重视,而且,会使员工中许多好的设想和意见随时间的流逝而淡忘。而定期与常态性地开展活动,则可有效地克服这些弊端,既便于组织者及时收集、落实职工的建议,不断改进工作;又可促使员工变触发式思考为主动型思考,逐步养成关心企业生产经营、善于动脑思考的良好习惯,从而更好地发挥其聪明才智,推动企业的不断完善与发展。

依据合理化建议开展方式的不同,我们将合理化建议活动分为项目型和常态型两种基本类型。有的企业一年开展一次或二次合理化建议活动,此类合理化建议活动我们称为项目型;有的企业则不受时间的限制,员工随时都可以就企业生产经营活动中存在的问题提出改善建议,相应的合理化建议受理部门随时做出响应,启动相应的评审程序,此类活动我们称为常态型。

项目型合理化建议活动的展开一般包括五个阶段,即提案、合议、决策、展开和总结,各阶段的主要内容见表 2-1。

表 2-1 项目型合理化建议活动的实施阶段

阶段	内容
提案	提案人把事情背景、目标、方案、设计及课题落实到纸面上,形成提案
合议	以提案的形式与所有相关人员进行确认,直到全面达成共识
决策	把合议结果完善到最初提案中,形成决策,决策经部门领导会签生效
展开	将会签后的决策在所有相关人员之间展开,以此来推进相应的工作
总结	将目标完成情况反馈给大家,表彰与总结经验教训,形成文件归档

我国公有制企业的合理化建议活动较多地采用项目型方式展开,一般由工会组织实施。项目型合理化建议活动的优点是重点突出,每次合理化建议围绕少量主题,发动全体员工献计献策,集中力量找出症结所在,制定对策与解决方案,推动工作的改进和提高。

常态型合理化建议活动则在一些外资企业和部分民营企业中比较多见。这些企业一般对合理化建议活动设置有专门的机构和流程,并把员工的合理化建议数量作为员工和部门绩效考核的一部分。其合理化建议活动的开展流程如图2.1。

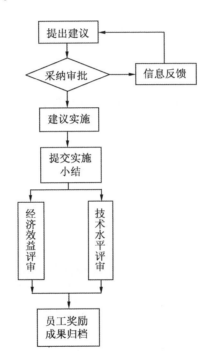

图2.1 常态型合理化建议活动流程图

(一)提案的征集

在项目型合理化建议活动中,合理化建议活动的组织者需要就每次活动的主题和内容通过专函方式通知全体员工,提供相应的合理化建议活动征集表格,并规定相应的时限。传统上,一般采用合理化建议意见箱,员工将填写好的合理化建议表格投入建议箱中,建议由专门的人员负责收集整理,并公布于众。

对于常态性的合理化建议活动,合理化建议的征集可以采用目视板的方式进行,员工将合理化建议提案卡直接插入目视板,然后由相应的管理人员收集和处理,并在目视板上呈现进展情况。具体可参见本书第六部分内容。

随着信息技术的发展,一些企业也开始通过网络收集合理化建议提案,并提供相应的合理化建议处理追踪,让员工随时可以了解到所提建议的处理情况,大大增加了合理化建议处理的透明度。

在合理化建议的征集中,对什么样的合理化建议会得到采纳,是首先需要明确的。如员工对于工资的抱怨、要求加薪以及对工作环境抱怨的建议一般不纳入企业合理化建议活动的评审范围。一般而言,企业合理化建议活动主要接收关于提高生产效率与降低管理失效方面的建议,当然不同企业有着不同的要求,根据实际情况而定。总体而言,合理化建议的提出应遵循以下原则:

(1) 与本职工作相关。提出的建议必须与自身或者本部门的工作直接相关,问题得到改善后可以直接提高自己或部门的工作质量和工作效率、节约成本等。

(2) 本人提出。建议应是自己或与他人合作提出,包括问题、改善的思路。

(3) 本人实施。建议应由本人实施完成;或本人在部门领导的协调下,主导实施完成;或提出人主动跨部门组成团队并协调督促部门内外责任人实施完成。

(4) 不满足上述三条原则的建议统一纳入"信息反馈",通过部门经理或合理化建议小组审核后转相关部门。

(5) 单纯的意见、希望和要求,无具体优化实施办法的建议,或有关人事、薪资、福利等公司决策的建议,或有关工作上的不满、抱怨等方面的建议,均不属于合理化建议范围。失误、错误、违规的更正,产品异常的临时解决,内外部投诉的整改,公司或主管下达的具体任务,主旨为申请现成及标准物品、设备、工具,并自行设计制作的内容,不作为建议。

(6) 对于部门内相似雷同的建议不可重复提出,无论是现象、原因、具体产品相同都属于雷同范围。如型号不同的结构组件包装改进,分开提出,即属于重复提出。提出人应合并为一项来执行。

（二）提案的撰写

合理化建议的撰写过程是一项创造性活动，是员工将具体问题书面化的过程。对普通员工而言，撰写书面建议是有一定难度的，首先是要"将做的事情写下来"，然后再分析现行流程、作业方法和管理制度中存在的问题，并提出可能的改进措施，这是员工自我知识的提升过程。合理化建议要体现客观、准确和可行原则。即要求提出人把现状真实地反映出来，以事实和数据说话；把问题发生的主要原因找出来；并针对问题发生的主要原因，提出具体的改善对策。

对于初次导入合理化建议活动的企业而言，员工能力的培养是基础，尤其是问题意识的培养和训练，提供适当的课程培训是合理化建议活动开展的第一步；第二，提供较为清晰明了的合理化建议提案表，如表2-2所示，表中需要有相应的合理化建议流程与处理信息，以增强合理化建议的有效性；第三，还要考虑员工积极性的保护，对提出合理化建议的员工，不论建议的价值如何，都需要给予鼓励和帮助，并对员工提出的合理化建议进行必要的反馈，只有这样，才能在企业内部形成提合理化建议的氛围。

表2-2 员工合理化建议表

填表日期：　　年　　月　　日

合理化建议名称：	
建议人姓名：	部门：
合理化建议内容（含改进方案）：	

续表

领导意见：
签字：　　　　年　　月　　日
合理化建议评审会意见：
签字：　　　　年　　月　　日
跟踪实施情况：
实施效果反馈：
备注：

（三）开好会议

无论企业是采用项目型,还是常态型合理化建议活动模式,合理化建议都需要有专门的机构进行评审,以确认合理化建议的可行性,并对合理化建议的是否实施做出决策。召开会议是我国企业最常用的群体性的合理化建议活动方式,会议能够起到传递信息、引发思考的作用,因而,开好会议是合理化建议活动中很重要的环节。一般认为,有效的会议需要遵循以下 8 个要点：

① 会议要充分准备。开会之前,弄清楚哪些人必须来、哪些人可以来、

哪些人不用来，会议应请最专业的人员参加。提前若干天发布会议通知，通知相关参会人员会议议题与程序，并做好准备。会前准备好文字材料，会后整理出会议记录并反馈给与会人员（不仅以后有据可依，而且使一些参会人员不能乱说话，从而保证建议的落实少受干扰）。

② 开会时间定在下班前（以保证没有人偏离会议主题，因为大家都急着回家）。会议时间要严格控制，一般要控制在一小时以内，绝对不要超过一个半小时。发言必须精简、明确、突出重点，不能跑题。

③ 主持人不要定基调，不要轻易肯定或否定与会人员的建议，不要表露明显的喜恶表情，尽量使每个人都要发言。确保一段时间只有一个人发表意见，避免发生多个人同时说话而相互影响的情况。

④ 对不合理的建议任何人都有权力提出明确的反对，形成批评和自我批评的氛围。

⑤ 任何发言必须以事实为根据，有理有据，有问题有对策。明确反对歌功颂德式的、好好先生式的、附和雷同式的或是自吹自擂式的发言。

⑥ 任何问题都在会议室里面解决，出了会议室的门，所有人都必须统一口径。

⑦ 在会议结束前，一定要适当地总结要点，再次明确每项任务的责任人、工作要点、完成时间等，要将会议上达成的一致成果加以总结。这不仅能让与会人员再次明确自己的责任，还具有很强的提醒功能。

⑧ 有条件的企业可以采用电子会议等有助于减轻面谈压力的新式会议方法。

小资料：

三星会议的三原则

韩国三星集团曾经出过一本书——《开会就要学三星》。为什么三星会将开会这样的"小事"出一本书？是因为，三星认为会议文化的差异，将直接影响一个公司的经营业绩。在三星会议中，有三个最基本的原则不可不知。

第一个原则：周三不开会。对于许多公司而言，开会一般是不会考虑哪天不宜开会的。而在三星，则确定了周三不开会。因为这一天，无论是员工的工作状态还是业务，都是处于最高潮的时候，一定要抓住这个良好的状态服务于工作。

第二个原则：会议时长一小时，最多不超过一个半小时。召开会议时，三星还会将一个定量为一小时的沙漏放置在会议室中，为严格遵守时间施加了无形的压力。而三星这么做，也是有充分科学依据的，专家称：一个成年人集中精力的时间，不超过两个小时。同时，为了避免闲谈或因无关的事浪费会议时间，三星还采用了可使效率提高两倍的站立式会议形式。因为，据说人的大脑活动最活跃的时间是在站立的状态下，并且是确定好了结束时间的时候。

第三个原则：将会议内容整理成一张纸。有时只要一说会议结束了，至于谈了什么、结果是什么、必须实施的内容，参会者就记不清楚了。因此，三星规定：会议内容要由专人整理好，发给参会者和相关人员，并且，这份记录一定要是简洁的一张纸。

（资料来源：晓庄，《三星会议的三原则》，《中外管理》2009年第4期）

（四）评审与决策

员工所提的建议，一般来讲，范围较广，涉及企业的方方面面。而且，这些建议往往具有很强的专业性和针对性，要评判这些建议是否可行，是否具有采纳价值，光靠合理化建议活动的组织部门是难以评判确定的，必须由相应的专业人员才能评判确定。因此，在合理化建议活动中，十分有必要建立相应的合理化建议评审机构，来负责对员工所提合理化建议的评判鉴定工作。

根据实际需要，评审机构可由企业相关职能部门和相关人员组成。在评审机构内部可根据专业划分，设立营销、顾客服务、生产、经营、设备管理、技术改造等专门的评审小组，以便相应地对员工提出的各类建议进行评审。各个评审组在接到员工建议后，要本着尊重员工劳动的原则，对每条建议进行认真的分析和论证，然后签署意见。对一些不切合实际的建议和有采用价值、但因企业各方面条件制约，无法采用或一时无法采用的建议要说明原因，及时反馈给提建议的员工。

当合理化建议被采纳时，评审意见中应有具体实施计划，以便合理化建议的落实；如果建议可以由提案者本人实施，评审小组应与提出人一起制订实施计划,包括实施时间、进度、方法,并由所在部门负责人审核确认;如果建议超出了提出者个人实施的范围,就需要提请主管部门协调组织实施;对于不可明确预测实施效果的建议,提出人可在相关部门的协助下,制订相应的试验或试行方案,在小范围内对实施效果加以验证后确定具体实施方案。

对制造企业而言,合理化建议的评价指标主要有:创新性 I_1、可行性 I_2、实施效果 I_3、固化性 I_4 和推广性 I_5 等方面的指标。[①]

合理化建议实施效果的评定值的计算公式为:

$$S = \sum V_i R_i$$

式中,V_i 是第 i 个评价指标的得分;R_i 是第 i 个评价指标的权重。

在创新性方面,改善活动解决方案具有一定的独创性、新颖性,能为问题的解决提供新的思路和途径;在可行性方面,改善活动解决方案在现场实施过程越易于操作越好,需要的投资与外部支持力度越小越好;在实施效果方面,改善实施后,对品质(Q)、安全(S)、响应(R)、成本(C)等方面具有的正面作用越大越好;在固化性方面,纳入工艺、流程、制度、规定或可视化标准,能持久保持,防止问题重复发生;在推广性方面,方法和经验可被运用于工段、生产单位乃至整个公司范围,运用越广越优。

评价指标的权重可以采用专家打分法,如采用关联矩阵法(如表 2-3)、层次分析法等方法确定。

表 2-3 关联矩阵法确定权重

评价指标	I_1	I_2	I_3	I_4	I_5	得分	权重(R_i)
I_1		2	1.5	2	2	7.5	0.25
I_2	1		1	2	2	6	0.20
I_3	1.5	2		2	2	7.5	0.25
I_4	1	1	1		2	5	0.17
I_5	1	1	1	1		4	0.13

然后,由专家群体确定评价尺度,如表 2-4 所示,对不同指标进行统一度量,便于求加权和。

---

① 龚任波,李碧梅.制造型企业现场改善管理与定量评价方法研究[J].装备制造技术,2013(1):148-150.

表2-4 评价尺度例表

得分 (V_i) 评价指标 (I_i)	100	80	60	40	20
创新性 I_1	很好	较好	好	一般	差
可行性 I_2	易实施,无支援投资	易实施,少量支援投资	实施难度不大,少量投资	实施困难,少量支援投资	实施困难,较大支援投资
实施效果 I_3	很好	较好	好	一般	差
固化性 I_4	问题被杜绝,标准规范被严格执行	问题被杜绝,有纸质标准规范	问题被杜绝,未标准化	问题发生频次低,未标准化	问题易重复,未标准化
推广性 I_5	已在公司范围推广	在部门或分厂推广	在现场和工段推广	具有推广价值	不具有推广价值

最后,根据表2-3和表2-4计算现场改善案例的综合评定值 S。

(五)实施展开

企业开展合理化建议活动的主要目的之一就是通过合理化建议带来经济效益与利益,因而合理化建议的实施是不可或缺的,而且很多合理化建议也只能用具体的实施效果来衡量与评估。一般而言,对于工艺技术类的合理化建议,其评估与实施相对容易些,因为这类建议往往在短期内可以很快见诸成效;而对于管理类的合理化建议,其主要成果不易度量与评定,在短期内不易见效,因而企业在进行合理化建议的评审时,应多多关注对于管理类合理化建议的效果测评。

合理化建议的实施一般有提出人实施和成立专门的实施团队实施两种方式。合理化建议实施后达到或超过预期效果的,提出人要提出关闭;实际效果接近预计效果的,也可提出关闭。如果实施过程中被驳回或效果不佳决定放弃改善,合理化实施团队则按"实施失败"进行废弃处理。

(六)成果知识化与激励

对取得成果的合理化建议要进行公示。公示的作用不仅仅在于满足员工的荣誉感与成就感,更重要的是让每一个人都感受到企业合理化建议活动的开展决心,以及活动开展过程中的公平性、合理性。一般而言,企业每三个月至少应召开一次与合理化建议活动相关的总结会,对上一阶段企业合理化建议活动取得的成效或成果进行总结与鼓励表彰。

对公示后的成果要形成文件并存档。可能的情况下,可以用提案人的姓名作为成果名称的一部分,以彰显员工的贡献,并表达对合理化建议者的尊重。

对合理化建议活动成果的知识化要做好以下几点:

(1) 合理化建议成果的固化由建议实施责任人负责完成成果标准化提案,由建议实施部门负责人直接审议。

(2) 对于活动主题类似的活动成果以及涉及跨部门推广的成果由各部门归纳、总结,提交提案改善委员会审议,以规范的文件形式确定成果固化的内容及推广范围。

(3) 通过审议的有效改进方法,必须按规定的审批程序,纳入相关的技术规范、过程文件、作业规范(SOP)或制度,通过程序化、手册化,以保证改进成果持续发挥效益。

(4) 合理化建议改进结果所促成的专利、专有技术和成果,其知识产权属公司所有,因为合理化建议活动是员工的职务行为。

(5) 合理化建议成果的应用推广是合理化建议活动的重要环节,通过目视板展示、员工学习交流等活动,将合理化建议的成果内化为企业员工的共同智慧,真正转化为企业的核心竞争力。

A3报告是企业合理化建议成果知识化的一个常用工具。A3报告是一种精简的报告方法,由日本丰田公司首创,该方法把问题的源头、分析、纠正和执行计划放在一张A3的纸上表达出来,并及时更新或报告结果。A3报告一般直接贴在企业现场的目视栏中,作为合理化建议成果在员工中分享,如今A3报告在国内也被广泛使用。

A3报告依照改善计划的不同阶段,可细分为下列几种:建议报告、现况报告和结论报告。A3报告的优点是:简单且明确的沟通方式能够让关心这一课题的员工和管理者都能了解;A3报告张贴于生产现场有助于管理者和团队成员间的相互帮助;作为一个标准方法,有助于成果的知识化。表2-5是一个A3报告模板。

员工合理化建议活动的开展,必要的激励是不可缺少的。要依据一定的标准给予奖励,奖励标准应该是事前明确的。对将合理化建议纳入部门与员工考核的企业而言,还需要做好相应的成果统计工作。

表2-5 ××××××——A3报告

部门　　　　　　　　　　　日期 201×年×××月×××日		
一、背景介绍	四、目标设定	六、改善内容
二、选定理由	五、原因分析	七、效果确认
三、现状分析		八、下一步工作

合理化建议活动的奖项可依据企业的实际情况设置。一般包括参与奖、成果奖以及个人荣誉奖等多种形式。

参与奖是给予合理化建议的提出者和实施者的一项奖励。经合理化建议评审部门评审符合"合理化建议提出原则",由部门经理或部门合理化小组对每项建议采纳与否做出决定,被采纳的合理化建议或被认为是有价值的建议,经提案改善委员会确认后备案,提出人获得相应的提出奖。

在合理化建议实施后,无论是否取得成果,只要符合关闭条件,所有合理化建议实施过程的参与者均可获得关闭奖。

成果奖是合理化建议实施取得效益后,依据效益的大小给予的奖励。一般按取得效益的一定比例给予方案提出人奖励,如果方案实施人为合理化建议提出人,那么奖励幅度可以达到最终效益的20%以上;对于取得管理改善,而效益难以衡量的,则可以按评议价值给予一定数量的奖金。

个人荣誉奖的形式多样,如"提案王""改进能手""金点子奖"等,企业可依据实际情况设定各种荣誉奖励,以鼓励员工参与合理化建议活动。另外,还可以设置"合理化建议最佳推广部门"等奖项,以鼓励企业内部支持合理化建议。

最后,合理化建议活动管理者需要对合理化建议提出以及实施情况进行观测,并保留相应文件。汇总报告应包括合理化建议的提出数量、关闭数量、员工参与人数、优秀建议数量、奖励金额等几方面的数据,以及合理化建议人均提案、全员参与率、建议关闭率、优秀建议条数等数据。

三、合理化建议活动与企业文化建设

合理化建议活动是企业的一项长期活动,因此,创建一种有助于合理化建议活动持久深入开展的企业文化是企业管理者需要考虑的问题,我们认为在企业文化建设中应注意以下几点:

(一)确立支持型的企业文化

相关的研究表明,当企业主动提供支持性措施时,员工的建议行为会比非主动的情况高许多倍。企业的支持可以包括以下内容：

（1）通过多种途径使员工（尤其是工作时间较短的员工）深入了解企业的历史、现状、重点、难点，从而使员工所提建议更具针对性。

（2）提供合理化建议方法培训（如奥斯本的"创新检查目录法"、TRIZ 理论、发明创造学等），提高员工的创新能力和技术水平，使员工更科学有效地发现问题、提出建议。

（3）给员工提供表达观点和建议的机会，深入了解员工的真实想法，及时评价和反馈员工的建议，使员工感到受重视，体验到个人在企业中的存在价值。

（4）成立专门的网络系统供员工提建议，要有专门的部门（如合理化建议委员会、合理化建议管理办公室）和人员（如点子经理）负责处理这些意见。

（5）经常听取德高望重的员工的意见，他们往往能表达基层员工的心声。

（6）明确区分员工本职工作与非本职工作，对员工的任何非劳动合同规定范围内的贡献及时提供相应的不打折扣的回报，并通过各种形式的奖励（如晋升、荣誉、奖金等）和利益的分享（如效益提成）激发员工"说有用的话"。企业还应该通过正式渠道宣传提出合理化建议的员工，例如企业网站与刊物、公告栏、员工奖励大会、当地媒体、项目命名等。对于员工所在部门的负责人和建议落实部门的人员，也应该给以奖励。从而使部门负责人重视激励下属提合理化建议，使落实部门有动力实施合理化建议。

（7）管理者需要学会"让功劳"。中国古代哲学家老子说，"后其身而身先"，"圣人不自私故能成其私"。如果员工提的建议刚好是领导考虑的或计划实施的，不如将此功劳让给下属。这不仅能够激励其他员工大力提出有助于组织长远发展的良好建议，而且有助于培养提建议员工的威信。

（二）确立信任与平等的企业文化

在合理化建议决策与实施过程中，来自企业不同级别和职务的人们可以在一起工作而不用考虑他们的头衔与级别，在平等、信任的气氛中讨论问题，在人人都能参与、人人都能发表意见的交互式讨论会上迅速制定决策。平等与信任的氛围营造需要注意以下几点：

第一，管理层应表明"知无不言，言无不尽，言者无罪"的态度，鼓励员工提建议,让员工获得安全感。没有安全感,员工与企业之间的关系就会非常不稳定,员工难以建立长期的期望,从而就不会有对企业发展的建言献策。

第二,企业要注重建立顺畅的上下级和同级之间的内部信息沟通渠道,缩小管理层与员工之间的距离和陌生感。领导要学会倾听,对员工的建议坦诚相待,不搞形式主义。

第三,管理层要通过各种方法与员工建立信任关系。领导要信任员工,让他们参与企业的管理与经营,充分满足他们的受尊重感、被重视感和成就感,要让他们感到企业需要他们,他们有责任为企业的发展出谋划策,以更大的热情投入工作中。

第四,上司要帮助下属打破沉默。在决策和日常管理过程中,上司对下属要有礼貌,周全考虑下属的尊严;上司要经常向下属传达必要的信息,给予下属一定的解释,充分考虑下属的知情权。

第五,不同职能领域的建议所获奖励要保持平衡,使员工明白不仅重大的技术创新建议是好建议,重大的管理创新建议也是好建议,日常工作中的细小改善也是好建议。要制造一种"争先恐后"而不是"瞻前顾后"的提建议氛围。

(三)强化注重细节与持续改善的企业文化

许多事实表明,"小革新"可成"大气候"。古今中外,创新创造都是从不起眼的"小革新"做起的。管理学大师德鲁克认为:"行之有效的创新在一开始并不起眼。而每一个伟大的创新又都是由无数个小创意汇集而成的。"革新无大小,能用是个宝,要深挖企业内在潜力,积极开展职工技术创新活动。实践证明,职工技术创新活动是推动企业科学进步和创新的重要途径。企业员工搞发明、搞研究、搞创新的动力是解决企业生产中细小的难点、难题。只要从小革新、小成果开始一步一步积累,最终就有可能形成价值巨大的发明成果。同样,一点一点地掌握核心技术、占领市场,也能够创造巨大的经济和社会效益。

对于企业来说,创新存在于工作的每一个细节。企业要有新起色、新突破,就要从点滴创新做起,就要从创新与众不同的"一毫米"做起。对于员工个人来说,创新存在于每一个岗位中,小岗位也会有大事业,一些小建议、小改革、小窍门不仅可以创造经济效益,能减轻劳动强度也是大效益。

节能降耗是现代企业的社会责任。通过实施技改、更新设备、优化运行等措施,节能降耗往往能收到立竿见影的成效,因此容易引起管理者的高度重视。企业日常用水、电、办公易耗品等项目,由于无法准确计量,不计入绩效考核,往往得不到足够重视。如果我们忽略了这些"微不足道"的细节,日积月累就会成为节能降耗的"大窟窿"。当代管理界流行的"细中见精、小中见大,细节决定成败"告诉我们:追求降本增效的精益求精是企业管理永恒的主题。

合理化建议从细节入手,由小而大,日积月累,一定能够取得大成就。正是基于这些不断的、细小的积累,丰田汽车通过几十年的努力,成为全球产量最大、利润最多的汽车公司。

四、合理化建议活动的绩效评价

合理化建议活动带来的绩效是多方面的。欧美企业的提案建议制度着重在提案的经济效益,并且给予经济上的奖励;日本企业则着重于员工的积极参与及士气激发的效益。从公司的层面上看,通过一些绩效指标的设置,可以显示合理化建议活动开展成果的同时,也可以激发员工的内在动力。因而,对于企业而言,合理化建议活动绩效指标的设置,直接影响企业合理化建议活动的广度与深度;对于员工而言,合理化建议活动绩效指标的设置将有助于拓展企业员工合理化提案的建议范围和思考范围,从而带来更多的创新点子。

合理化建议活动的绩效可以从公司层面、作业现场层面和员工个人层面三个方面来进行评价。

(一) 公司层面的绩效指标

从公司层面来看,合理化建议活动增强了员工的自主性,因而企业的管理人员对于生产的监督活动可以大幅减少,他们可以更多地从事改善与技术创新等活动,直接增强了企业的创新能力,技术革新和小改小革的成果大量涌现。公司层面的直接绩效指标大体上有合理化建议数量指标(即合理化建议总数、人均合理化建议数)、合理化建议创造的经济效益额、衡量合理化建议活动效率的指标、员工参与程度等指标。

对一家合理化建议开展比较好的企业而言,年人均合理化建议数至少要超过一条。

$$人均年合理化建议数 = \frac{通过评审的合理化建议总数}{企业年均员工数}$$

合理化建议实施率和合理化建议实施有效率是衡量合理化建议活动效率的重要指标,其计算公式如下:

$$合理化建议实施率 = \frac{实施的合理化建议数}{全部合理化建议数}$$

$$合理化建议实施有效率 = \frac{取得成效的合理化建议数}{评审后实施的合理化建议数}$$

在合理化建议活动绩效指标中,还应有员工参与程度的指标,这一指标可以反映员工参与管理的程度,用员工参与率表示,其计算公式如下:

$$员工参与率 = \frac{参与合理化建议活动的员工数}{企业年均员工数}$$

除了上述直接指标外,合理化建议活动的成功也体现在企业的管理指标中,如全员劳动生产率的提升、顾客满意度的增加、产品与服务单位成本的降低、专利申请数量的增加,等等。在合理化建议活动的总结报告中,应尽可能地体现合理化建议活动与企业经营绩效指标的联系,以增进员工对合理化建议活动价值的认知,提升员工开展合理化建议活动的主动性和创造性。

(二) 现场层面的绩效指标

从现场层面来看,一般而言,生产现场的绩效指标主要有 PQCDMS 六大指标,即 P(生产能力)、Q(质量)、C(成本)、D(交期)、M(士气)、S(安全),合理化建议活动对上述绩效均能起到有益的增进作用。通过合理化建议活动的开展,作业现场的环境明显改观了,现场环境一目了然,车间布局更为合理,厂容厂貌明显改观,生产能力得到提高;车间在制品及库存数量得到极大的降低,现场效率大幅提高,生产过程的差错率明显降低;员工主人翁意识提升,工作积极性大为提高,出勤和精神面貌明显改善,工伤事故明显减少。因此,将 PQCDMS 六大指标作为合理化建议活动的相关绩效指标对现场合理化建议活动成果的展示有积极意义。

PQCDMS六大绩效指标大致包括以下内容：

生产能力指标：单位面积产出和人均产出。

现场质量指标：一次直通率、产品与服务合格率、顾客满意度。

现场成本指标：单位产品成本降低率、材料耗用降低率。

现场交期指标：产品达交率、产品出产时间。

现场士气指标：员工出勤率、员工心情指数。员工出勤率是一个衡量员工对作业现场满意的主要指标，员工出勤率高表明作业现场环境良好、人际关系友善等。在使用员工心情天气图（员工考勤表中，员工依据自己的情绪，用晴、多云、阴天和下雨四种符号表示自己作业心情）的作业现场，员工心情指数也是一个很好的士气指标。

现场安全指标：停工损失工时、设备故障率。不安全的原因既可能来自员工行为，也可能来自物的不安全，但归根到底是员工的不安全行为引起的，因此，只要是安全问题引起的员工离开工作岗位都应该看作是安全停工时间，对于不同安全等级的意外，可以采用折算时间计算。

就合理化建议活动的直接绩效指标而言，生产现场的合理化活动绩效大致可以用下面几个指标来衡量：

合理化建议数量指标：车间或部门合理化建议提案数量、通过评审实施的提案数量、人均提案数量等。

员工参与指标：员工参与合理化建议活动的人次（频次）、员工参与合理化建议活动的比率等。

合理化建议活动的质量指标：合理化建议获奖数量与等级，合理化建议获得的直接经济效益，合理化建议导致的工艺、程序与规章制度修订的数量等。

（三）员工层面的绩效指标

合理化建议活动可以增进员工间的相互信任和友谊，促进人际关系和谐稳定，从而使得员工心情舒畅，生病缺勤率降低，员工离职倾向和离职率下降；友善的人际环境也有助于员工的职务行为，通过参与合理化建议活动，员工间可以相互学习，增长自身知识水平，提升自身能力。

从员工层面上看，合理化建议活动的绩效指标有：合理化建议活动中获得的直接效益，如经济奖励、荣誉奖励和技术专利等；员工参与合理化建议活动的频次和时间；员工参与合理化建议活动中知识水平的提升，如学习时间和技能水平等级的提升等。

CHAPTER 3

合理化建议活动的过程方法

自弗雷德里克·温斯洛·泰勒(Frederick Winslow Taylor,1856—1915)倡导科学管理以来,企业生产制造过程中的改善活动逐步向组织化、规范化和科学化方向发展。近年来,随着后工业时代的到来,企业的创新活动风起云涌,创新已成为企业生存发展的基本职能。

在企业界和学界的共同努力下,发展出了许多系统性的创新与改善方法,这些方法总称为创新与解决问题的过程方法,如常见问题解决方法(PSP)、戴明环(PDCA循环)、8D过程方法、六西格玛过程方法(DMAIC)、麦肯锡七步法等。相对而言,前面三种方法比较简单直观,特别适用于合理化建议活动。在此,我们首先对企业创新活动的一般原则和流程作一介绍,然后对PSP方法、PDCA循环、8D过程方法等逐个介绍,并对8D过程方法的实际运用给出实例。

一、企业创新活动的流程

创新是由技术发明或新构思实现商业化的过程,其结果表现为能够为用户和供应商创造价值的一种产品与服务。从当今一些成功企业的创新实践来看,他们普遍能够遵循创新活动的四项原则,并将创新活动转化为可持续性的流程。[①]

(一)企业创新活动的四项原则

美国伊利诺伊理工大学设计学院的库玛教授在《企业创新101设计法》一书中,归纳了企业成功创新的四大核心原则。

一是围绕用户体验进行创新。用户体验(User Experience或UX),ISO 9241—210标准定义为"人们对于使用或期望使用的产品、系统或者服务的认知印象和回应",包括情感、信仰、喜好、认知印象、生理和心理反应、行为和成就等各个方面。通俗地讲就是"这个东西好不好用,用起来方不方便"。

---

① [美]维杰·库玛著,胡小锐、黄一舟译.企业创新101设计法[M].中信出版社,2014.

用户体验这一术语在软件和信息技术领域得到广泛运用,现已成为企业产品与服务创新获得成功的核心要素之一。

对一家制鞋厂而言,按照常规逻辑,需要研究各种跑鞋,思考改善其性能、舒适度和式样,从而生产一款更好的产品。但如果能从更广泛的角度看待"跑鞋",考虑用户在跑步时还有可能做哪些事情,那就会发掘更多的创新机会,从而给产品带来更大的竞争力。运动业巨头耐克公司在产品创新时十分注重运动体验,除了在制鞋用料、美学及性能方面力图创新之外,耐克的某些创新还延伸到用户体验的外沿。例如,跑鞋的内嵌式传感器让消费者能够获取、记录并上传跑步数据,评估随着时间推移所取得的进步,同时提供一些在线工具,帮助消费者制订跑步计划或选择路线——诸如此类的创新让耐克在激烈的竞争中稳居市场领先地位。

在研究用户体验的过程中,创新者不能仅仅着眼于人们"使用产品"的显性体验,还应观察人们使用产品时参与的一切活动,从而发现用户的某种需求,提供一款产品与服务满足该需求,同时去拓展其用途。思考并理解更广义的"用户体验",需要借助直接观察人们的行为而不是去关注人们说什么。因此,大数据、人类学的观察方法将是未来一种有效的创新观察工具。

二是系统化看待创新。一件产品或一项服务,都从属于一个由众多利益相关方组成的系统。设计一款医疗产品,必然需要将它置于医疗系统的大背景下去考虑,既要考虑系统中的每一个部分,如病人、医生、医院、药店、医疗设备生产商、制药厂、保险公司、政府等,也要考虑这些部分之间的相互关系,如病人向保险公司支付哪些款项,或者病人与医生之间的信息交流等。通过研究产品与医疗系统之间的关系,不仅能在体系层面理解产品设计的需求,还有可能发现过去从未考虑到的创新机遇。

苹果公司的产品,如 iPod、iTunes、iPhone、App Store,以及 iPad 都反映了其深谋远虑的系统化创新。通过在系统层面的创新实践,苹果公司彻底改造了音乐业务、移动设备平台和平板电脑产业。

三是培育企业创新文化。文化是企业的价值观和理念,是企业的基因,影响着企业管理者与员工的行为,当企业面临抉择时,文化往往起决定性作用。如海尔公司在 20 世纪 90 年代中后期面临行业内价格竞争时,并没有加入价格竞争中去,而是通过管理创新和产品创新应对市场竞争,并在那一轮价格竞争中生存下来。显然,这与海尔的创新文化有关。

四是采用严格的创新流程。成功的创新可以也理应像其他任意一种企业行为那样被规划和管理,通过完善流程和可重复的方法,企业创新可以大大地降低成本,减少失败。在企业内部,创新流程与其他重要流程同时存在,并且应融为一体,从而保障企业的高效运作。如果一家企业能够将设计流程与技术和业务流程紧密融合,那么由此催生的创新产品很可能具备更高的用户价值和经济价值,其市场份额和竞争力也将随之提高。

(二)企业创新流程的七大模块

创新流程始于脚踏实地——观察并研究现实世界的各种有形元素。库玛教授将创新流程中的各种活动归结为七大模块,即确立目标、了解环境、了解人群、构建洞察、探索概念、构建方案以及实现产品。企业的创新活动无论从哪个模块开始,一个完整的创新流程都是这七大模块的组合,有些甚至需要经过反复迭代这七大模块,才能取得创新的成功。

1. 确立目标

在创新流程的初始阶段,企业需要找准目标,弄清楚应从哪里入手。启动一个创新项目时,首先要考察持续变化中的世界。企业需要观察商业、技术、社会、文化、政策及其他领域的变化,搜集近期动态、前沿科技发展和最新信息,研究有可能影响企业创新的趋势。在此基础上,重新解读最初遇到的问题,从而寻找新的创新机会,确定企业的创新目标。

2. 了解环境

了解环境需要企业研究对创新成果(产品、服务、经验或品牌等)所处环境有影响作用的行业状况或事件。重点考察类似创新成果的市场表现,进而预判某项创新计划的市场潜力。通过洞悉所有竞争对手及其不断变化的策略,了解自身与同行企业的关系,并明确政府政策和法规是否会影响企业的创新主题。

3. 了解人群

围绕用户体验的创新关键在于了解人群(直接用户和其他利益相关方),以及他们日常生活中的一切活动。通过考察最终用户及其利益相关方的需求,从中提炼出最有价值的洞察。这里,访谈、焦点小组调研、观察学和人类学的研究方法等是非常有价值的工具。

4. 构建洞察

构建洞察就是对前面三个阶段得到的数据加以分类、组合和整理,并开始寻找重要的规律,企业通过分析前后数据,考虑那些有望揭示尚未开发的市场机遇或商机的模式。这里,混合使用多种方法,以便多角度、更全面地了解环境,近年来兴起的大数据技术是一项非常有价值的工具。

5. 探索概念

通过集思广益与创新小组内部的沟通交流,将洞察转化为设计原则,并围绕各种概念展开讨论,发展出便于人们理解的概念。这里,团队成员间的信任和紧密合作与创建学习型组织是这一模块成功的关键,深度会谈是这一模块中的常用工具。

6. 构建方案

构建方案时,企业需要将此前确立的多种概念巧妙地融合成概念体系,采用合适的工具(如QFD,即质量功能展开等)对各种概念体系进行评估,鉴别出对利益相关方(主要是用户和企业)最具价值的概念。这里,除了对概念产品的性能与价值进行评估外,还需要进行成本/收益、生存与发展能力和可行性等多方面的评估,从而筛选出最有价值的方案,并将其详细阐述,形成产品与服务的设计大纲。

7. 实现产品

首先,在原型方案形成的基础上,通过细节的测试与评估,将产品付诸实施;之后,制定市场定位、合作平台和供应链伙伴,完成相应的商业计划;接着,确认实现商业计划的必要能力,并规划发展路线图;最后是汇总资源,制定预算和进度表,明确具体的举措和各类派生计划,并对可能的风险做好预防措施。

二、问题解决(PSP)方法

很多管理学家认为:企业就是问题的载体,没有问题的企业不存在,企业就是在不断地发现问题、提出问题和解决问题的过程中成长的,企业的发展过程就是解决问题的过程。

（一）问题的要素

发现问题是解决问题的第一阶段，在企业管理实践中，问题是多种多样的，不论是内容还是形式都是千差万别的。认知心理学认为，可以把问题表征为三种状态，即起始状态、目标状态以及中间状态。问题通常具有以下三个要素：

给定：所谓问题的"给定"，是指一组已经明确知道的关于问题条件的描述，也就是问题的起始状态。

目标：所谓问题的"目标"，是指关于问题结论的明确描述，即问题要求的答案或者目标状态。

差距：所谓问题的"差距"，就是问题"给定"与问题"目标"之间直接或间接的距离，必须通过一定的思维活动才能找到答案而达成"目标"。

（二）问题的类型

任何一个问题，都是由"给定"、"目标"、"差距"三个成分有机结合在一起的。根据这三个成分不同的结合性质，可以将问题分成以下四种具体类型。

1. 确定型问题

这类问题的起始状态和目标状态都是明确的，而且达到目标的各种途径是相同的，即具有唯一途径，需要做的就是执行。

2. 选择型问题

这类问题的起始状态和目标状态都是明确的，但是有两条以上不同效率的达成目标的途径，也就是说，这是一类决策选择问题。

3. 不确定型问题

这类问题的起始状态和目标状态是明确的，但是不知道如何达成目标，也就是说路径是不确定的，这是人们遇到的新颖性问题常有的问题状态。

4. 模糊型问题

这类问题只有起始状态，目标和差距都是不明确的，这类问题在现实中最为常见，如顾客对产品质量不满意等问题。

定义问题或者说确定问题的性质，是分析和解决问题的基础，而定义问题、解决问题的过程是我们必须首先熟悉的。在我们过去的经验中，积累了大量的问题定义、问题分析和问题解决的方法。

(三) PSP 的五个阶段

传统问题解决方法即是我们通常所说的 PSP(Problem Solving Process,问题解决过程)。这种解决问题的模式是指一个问题从最初的确认工作,到解决方案的形成与执行,一直到问题获得有效改善为止的过程。传统的问题解决过程分为五个阶段,如表3-1所示。

表3-1 传统的问题解决的五个阶段

阶段	名称	作业内容与流程
1	确定并定义问题	现在状况→以资料与数据判断损害程度→确认问题的关键→描述未来预期→达成共识
2	分析原因	确认问题点→拆解问题环节→以各环节来分析可能的原因→确定问题主要原因
3	设定目标	问题主要原因→设定改善总目标→划分改善阶段与目标→达成共识
4	形成解决方案并执行	确定改善目标→形成解决方案→确定解决方案→达成共识→任务分配
5	衡量、追踪及控制	执行解决方案→评估改善方案→重新分析问题或解决方案→确认改善成效→评估和衡量改善结果→形成标准化与知识化

1. 确认并定义问题

(1) 问题定义与确认。

问题定义与确认是解决问题的起点,准确定义问题才能把握解决问题的方向,否则就会南辕北辙。此阶段的主要任务是确定以下内容:

① 问题的关键点是什么?是质量、成本还是交货期?
② 此问题对企业造成什么影响?影响的大小?是短期还是长期影响?
③ 目前的状况是怎样的?(多角度描述)
④ 相关联的人员都对问题有共识吗?
⑤ 问题产生的直接影响是什么?直接影响哪些方面?
⑥ 问题发生的频率有多高?
⑦ 问题与其影响是否已作详细而明确的记录?
⑧ 描述此问题获得解决后的状况,并将预期的状况予以定性及定量的描述。

(2) 问题定义阶段失败的可能原因分析。

① 问题关键点未掌握。

② 没有形成共识。

③ 对问题获得解决后的状况,未能予以定性与定量描述。

④ 未对问题有非常明确的陈述,使问题模糊不清。

⑤ 对问题未做出详细而适当的描述。

⑥ 问题描述过于形式化。

2. 分析原因

(1) 分析问题的方法。

方法的选择影响到过程的效率,以下是常见的分析问题的方法:

① 流程图:了解过程与理想途径之间的差异,判断该差异是否可能造成问题。

② 检查表:以观察的书面证据来逐一检查差距。

③ 要因分析:需要确认并发掘展开某特定问题或状况所有可能的原因。

④ 分析时应仔细拆解问题的细节,要抽丝剥茧。

⑤ 运用分析技巧:见表3-2。

⑥ 分析如何收集资料以及需要使用哪些统计技术。

表3-2 PSP分析原因的操作技巧

方法	描述
核查表法	探讨某一问题时,将应探索的条件扩大、缩小、重组、代替、变形、追加、省略或变更用途等,多层面一一列举,逐一进行核查,借以创造出最佳构思的方法
形态分析法	列举所探讨的对象物或课题的结构因素,过滤出其可能发生的变化(参数),将其参数所有不同的组合一一加以探讨
特性列举法	提出产品及组织体系的目的,以及意见的主要本质与特性,尽量想出其可能的变化的方法(强制联想法)
希望点列举法	列举愿望及梦想,表达能使之实现的观念,借以获取改善方案的思维方法
缺点列举法	列举现有的各项缺点,发掘其问题所在,以探讨可行的改善对策的思维方法

(2) 此步骤失败的可能原因分析。
① 未能仔细拆解问题,而仅仅就问题本身予以讨论或判断。
② 当问题涉及单位或部门职责时,存在过于自我保护的现象。
③ 对问题本身未达成共识。
④ 对问题本身有先入为主的思考障碍。

3．设定目标
(1) 设定目标的要点。
① 目标应尽可能量化,要便于衡量。
② 制订改善方案时间表,拟定改善的阶段性目标。
③ 预计在期限结束时,是否可以很明显地判断出目标已经实现。
④ 确定目标的可行性,并制订衡量计划。
⑤ 进行5W1H思考(When、What、Who、Where、Why、How)。
⑥ 取得改善操作人员的共识。
(2) 目标设定失败的可能原因分析。
① 目标未进行定量化,故不容易衡量。
② 目标过于远大,未能划分阶段性目标。
③ 未获得改善操作人员的共识。

4．形成解决方案并执行
(1) 形成解决方案的要点。
① 构思解决方案时不能事先预设障碍。
② 明确谁执行、谁知会、谁评估。
③ 获得企业高层管理者的支持。
④ 上级主管给予足够的解决问题所需资源与权限。
⑤ 确定活动步骤、执行时限与负责人。
⑥ 分工操作,得到横向部门的承诺与配合。
⑦ 鼓励其他人提出更多改善意见。
(2) 此步骤失败的可能原因分析。
① 上级未给予足够的解决问题所需资源或权限。
② 构思解决问题方案时有预设障碍,导致构思受到限制而无法展开。
③ 分工责任人对解决问题方案没有详细了解。
④ 解决问题时未进行合理有效的分工。
⑤ 未确定解决问题的顺序与横向关系。

(3) 解决方案的创造方法。

① 头脑风暴法：通过会议使参会人员相互启发，相互激发灵感，产生解决方案。

② 发散型思维方法：从多角度思考问题的解决方案，有立体思维、侧向思维、逆向思维等。

③ 类比思维法：从不同对象之间的某些相似中获得启发，举一反三、触类旁通。

④ 联想思维法：从一个事物联想到另一事物的思维活动过程。

⑤ 直觉思维法：发挥潜意识（顿悟）的作用，直接获得某种知识的思维活动过程。

5．衡量、追踪及控制

(1) 衡量、追踪及控制的要点。

① 利用统计方法来完成衡量计划。

② 执行前、执行中与执行后均要进行结果比较。

③ 各改善阶段应确实追踪。

④ 各改善阶段应随时注意评估是否有效。

⑤ 在改善结束时，衡量目标是否已经实现。

⑥ 改善进度与状况应让全体参与人员知道。

⑦ 评估完成情况经修正后形成标准，并知识化。

(2) 此步骤失败的可能原因分析。

① 改善进度与状况未能让全体参与人员详细了解。

② 执行过程中未充分利用统计方法来衡量。

③ 阶段性目标未如预期。

④ 改善过程未形成标准化，导致问题一再发生。

⑤ 虎头蛇尾，未强化监控力度。

⑥ 执行过程中，资源或权限的获得未如预期。

上面所述的问题解决方法的五个阶段是一个完整的逻辑过程，我们可以通过列表的方式，依照上面的过程，对照检查每个阶段的实际情况，就能够驾轻就熟地进行问题分析并找到解决问题的方法和路径。表3-3是根据传统的问题解决过程的五个阶段，对问题分析和解决的流程、要点进行简易处理的示范性说明。

表3-3 问题分析和解决的简易程序

时机	流程	要点	举例
当我们观察到某种现象或发现某个问题时	现象	确认并定义问题（5W1H）	人员出勤率90%
该现象是否属于正常？与标准或目标比较的差异是否不应该存在？	问题	分析原因	人员出勤率的目标值为95%，实际比目标低5个百分点，根据以往资料判断，此差异过大，为异常状况
为什么会发生异常？	原因	设定改善目标，并形成解决方案	请假人数过多，因世界杯足球赛时间较晚，员工看球晚起
如何改善异常？如何控制发生异常的原因？	对策	处置：问题发生后立即采取的措施 治标：解决问题的手段 治本：避免问题再发生的方法	处置：公布出勤情况 治标：临时调整上班时间 治本：加注事件日历，提前安排作业时间
用什么方法来衡量？如何保持改善成果？	衡量、追踪、控制及改善成效	衡量：执行结果与目标差异 追踪：调整后的效果 改善：效果的长期性	衡量：措施实施后出勤率变化 追踪：哪些措施是有效的？ 改善：有效的方法形成文件与制度

三、PDCA 循环

PDCA 循环又叫质量环，最早由休哈特（Walter. A. Shewhart）于 1930 年构想，后来被美国质量管理专家戴明（Edwards Deming）博士在 1950 年再度挖掘出来,并加以广泛宣传和运用于持续改善产品质量的过程中。它是全面质量管理所应遵循的科学程序。全面质量管理活动的全部过程,就是质量计划的制订和组织实现的过程,这个过程就是按照 PDCA 循环,不停顿地周而复始地运转的。由于 PDCA 循环逻辑性强、简单易学,因而得到越来越多的运用,已经成为现代企业管理中运用最广泛的工具。

PDCA 循环包括活动策划(Plam)、组织实施(Do)、检查评估(Check)、经验总结(Action)四个阶段。PDCA 循环的四个阶段是一个完整的逻辑过程;在每一个阶段也会存在制订计划、落实计划、检查计划的实施情况和处置的小 PDCA 循环;每循环一次,产品质量、过程质量或工作质量就提高一步,这样,随着 PDCA 循环的不断推进,就形成了不断上升的循环。

(一) PDCA 循环各阶段要点

1. 活动策划(Plan)

(1) 选择课题。

企业需要改进的问题有很多,经常遇到的问题不外乎质量、成本、交货期、安全、人员激励、环境等方面。选择课题时,通常也围绕这些方面来进行,如降低不合格品率、降低成本、保证交货期等。该步骤的活动内容主要有以下几个方面:

A. 明确所需要解决的问题为什么比其他问题重要或者优先。

B. 掌握问题的背景和到目前为止的情况,把问题的背景描述出来。

C. 将不尽如人意的结果用具体的语言表现出来,并具体说明希望改进到什么程度。

D. 正式选定任务负责人,确定质量改进小组的组长和组员。

E. 如有必要,对改进活动的费用做出预算。

F. 拟定改进活动的时间表,初步制订改进计划。

这一阶段的注意事项为:

A. 应该最大限度地灵活运用现有数据(即用数据说话),从众多的问题中选择一个主要课题,并说明其理由。

B. 必须向有关人员解释清楚解决问题的必要性,否则会影响解决问题的有效性,甚至半途而废、劳而无功。

C. 设定目标的根据必须充分,目标值要具有挑战性,合理的目标是经济上合理、技术上可行、效果上显著的。

D. 要制订改进计划,明确解决问题的时限和各项详细计划的负责人。

(2) 掌握现状。

质量改进课题确定后,就要从定量与定性两个方面了解和把握当前问题的现状,内容包括:

A. 抓住问题的特征,需要调查若干要点,如时间、地点、问题的种类、问题的特征等。

B. 如要解决的是质量问题,就要从人员、机器、材料、方法、环境、测量、信息等各种不同角度进行调查。

C. 去现场收集数据中没有包含的信息,亲临实景。

这一阶段的注意事项为:

A. 解决问题的突破口就在问题内部,如质量特性的波动太大,其影响因素也必然存在大的波动。

B. 不管什么问题,都要调查时间、地点、种类、特征这四个方面,把握问题现状的有效工具是调查表。

C. 解决问题应尽量按照数据进行,其他信息只能供参考。但在没有数据的情况下,就应充分发挥其他信息的作用。

D. 调查者应深入现场,而不仅仅是"纸上谈兵"。

(3) 分析问题原因。

分析问题原因是一个设立假说、验证假说的过程,内容包括:

A. 设立假说时,应搜集关于可能原因的全部信息。

B. 运用"掌握现状"步骤的信息,消去已经确认为无关的因素,重新整理剩下的因素。

C. 验证假说时,应搜集新的数据或证据,并制订计划来确认各因素对问题的影响。

D. 综合全部调查到的信息,决定主要影响因素。

E. 如条件允许,可以将问题再现一次。

这一阶段的注意事项为:

A. 因果图(见本书 CHAPTER 4)是建立假说的有效工具,图中所有因素都被假设为问题的原因。图中各影响因素应尽可能写得具体,因果图的因素画得越细,往往越有效。

B. 因果图中,所有因素引起质量问题的原因大小和主次都不相同,应根据其可能性的大小排列重要度。

C. 验证假说必须依据重新实验和调查所获得的数据有计划地进行,验证假说就是核实原因与结果之间是否存在关系,以及关系是否密切,可以采用排列图、相关分析、方差分析等统计工具。特别要注意,即使统计分析表明,原因与结果之间存在相关性,这也不一定是真的,必须找出原因与结果之间的因果链条。

D. 应首先对主要因素采取对策,而不是对全部因素采取对策,避免"眉毛胡子一把抓"。

E. 验证假说时要考虑到人力、时间、经济性等多方面因素。

(4) 拟定对策。

原因分析出来后,就要制定对策。内容包括:

A. 将现象的排除(应急对策)与原因的排除(永久对策)严格区分开来。

B. 先准备好若干对策方案,调查各自利弊,选择参加者都能够接受的方案。

这一阶段的注意事项为:

A. 对策有两种:一种是去除现象的应急对策;另一种是消除引起结果的原因,防止其再发生的永久对策。

B. 应急对策是一种临时性措施,是在问题发生的根本原因尚未找到之前,为消除该问题而采取的临时应急措施;而永久对策是通过现象观察、数据分析等一系列手段,找到问题产生的根本原因之后所采取的对策。

C. 评价各种对策的利弊,选择最佳策略。

2. 组织实施(Do)

在对策制订后,依据对策要求,落实相应措施。这里的活动内容主要包括:

A. 在相关人员充分理解对策的基础上,实施对策措施。

B. 在实施过程中,上级要提供支持和帮助,特别是知识支持。

这一阶段的注意事项为:

A. 采取对策后,常常会引起别的问题,也就是常说的"按下葫芦浮起瓢",为此,必须从多角度对措施、对策进行彻底而广泛的评价。

B. 采取对策时,有关人员必须通力合作。

C. 实施对策时,要运用目视工具(手段)做好现场信息的及时传递。

3. 检查评估(Check)

对改进效果要正确确认,错误的确认会让人误认为问题已经得到解决,从而导致问题的再次发生。反之,也可能导致对改进的成果视而不见,从而挫伤持续改进的积极性。这一阶段的主要活动内容包括：

A. 使用同一图表工具将采取对策前后的质量特性值、成本、交货期等指标进行比较。

B. 如果改进的目的是降低不合格品率或降低成本，则要将特性值换算成金额，并与目标值进行比较。

C. 如果有其他效果，如节能减排等，不管大小都要列举出来。

这一阶段的注意事项为：

A. 本阶段应确认在何种程度上做到了防止质量问题的再发生。

B. 对于组织的经营者来说，将质量改进的成果换算成金额是重要的，也更直观。

C. 应设立项目实施中的检查项目以加强对过程的监控。

D. 采取对策后没有出现预期结果时，应该从以下两个方面考虑：是否按计划实施了？计划是否有问题？

4. 经验总结（Action）

（1）防止再发生和标准化。

对质量改进的措施，要进行标准化，纳入质量文件，以防止同样的问题再次发生。这里的活动内容有：

A. 为改进工作，应再次确认 5W1H，即 Why、What、Who、When、Where、How，并将其标准化，制定成工作标准。

B. 进行有关标准的准备及宣传。

C. 实施教育培训。

D. 建立保证严格遵循标准的质量责任制度。

这一阶段的注意事项为：

A. 如果没有标准，问题会再次发生。

B. 如果没有明确的标准，新来的员工在作业中很容易出现与以前同样的问题。

C. 标准化是维持企业治理现状不下滑，积累、沉淀经验的最好方法，也是企业治理水平不断提升的基础。可以这样说，标准化是企业治理系统的动力，没有标准化，企业就不会进步，甚至下滑。

（2）总结成果。

对改进效果不显著的措施及改进实施过程中出现的问题，要给予总结，为开展新一轮的 PDCA 质量改进活动提供依据。该步骤的活动内容有：

A. 总结本次质量改进活动过程中,哪些问题得到顺利解决,哪些尚未解决。
B. 找出遗留问题。
C. 考虑为解决这些问题下一步该怎么做。

这一阶段的注意事项为:

A. 在质量、成本、交货期、安全、人员激励和环境的改进活动中,将不合格品率降为零或下一步就达到国际先进水平是不可能的,因此,质量改进活动要长期持久地开展下去。

B. 应制订解决遗留问题的下一步行动方案和初步计划。

C. 经验总结阶段是 PDCA 循环的关键,因为经验总结阶段就是解决存在问题、总结经验和吸取教训的阶段。该阶段的重点又在于修订标准,包括技术标准和管理制度。没有标准化和制度化,就不可能使 PDCA 循环转动向前。

(二) PDCA 循环示例

PDCA 除了在质量管理中得到广泛运用外,也在众多管理领域得到运用,PDCA 循环实际上是有效进行任何一项工作的合乎逻辑的工作程序。下面以绩效管理循环作为示例来说明,见表 3-4。

表 3-4 绩效管理的 PDCA 循环

阶段	步骤	绩效管理步骤	示例
活动策划(P)	1. 选择课题	制订绩效计划(P)	达成绩效管理共识
	2. 掌握现状		清楚描述岗位职责
	3. 分析问题原因		分析绩效指标(SMART 原则)
	4. 拟定对策		确定关键绩效指标
组织实施(D)	5. 实施对策	绩效沟通与辅导(D)	管理者与员工双向沟通,提供必要权限和资源支持,记录关键事件,建立业绩档案
检查评估(C)	6. 确认效果	绩效考核与反馈(C)	绩效考核,找出差距,通过绩效面谈让员工了解自身表现,并做好绩效记录
总结经验(A)	7. 防止再发生	绩效诊断与提高(A)	依据绩效结果,完善绩效管理体系
	8. 总结		诊断绩效不足,得出结论,准备进入下一轮 PDCA 循环

(三) PDCA 新解与 PVDCA

1. PDCA 新解

随着 PDCA 循环得到越来越广泛的运用,人们开始赋予它越来越多的内涵,有学者提出了新的解释:

P(Planning)——计划职能包括三小部分:目标(goal);实施计划(plan);收支预算(budget);

D(Do)——执行;

C(4C)——4C 管理:Check(检查);Communicate(沟通);Clear(清理);Control(控制);

A(2A)——Action(执行,对总结检查的结果进行处理);Aim(按照目标要求行事,如改善、提高)。

由于 PDCA 循环主要强调让人如何完善现有工作,所以这导致惯性思维的产生,习惯了 PDCA 的人很容易按流程工作,因为没有什么压力让他来实现创造性,为此,有的学者提出了 PTC(Plan Try Check,计划/试做/检查完善)和 PTS(Plan Try Study,计划/试做/学习完善)。在这个过程中,保持学习的心态,时刻注意对敏感问题的捕捉,容易发现新的事物,可以提高创新的能力。

2. PVDCA

即可视化的 PDCA,为了使 PDCA 循环更加科学化、条理化、系统化,需要将整个过程用图示的方法来表现。研究表明,图示化工具在提高交流效率和准确率上有非常好的效果,因此,对 PDCA 循环采用图示化方法,有助于 PDCA 循环效能的发挥。

把计划可视化,这样更容易交流和沟通,目标更清晰。

实施过程的可视化,将需要做的事情、步骤、方法、流程变成图表的形式,更加形象化、细化、清晰化。

检查可视化,将检查的内容、方法、程序可视化,更便于操作、记录下来。

处置可视化,这样方向更清晰,目标更明确,行动会更有力,做得会更到位。

四、8D 过程方法

由于戴明的倡导，PDCA 循环在日本企业界得到广泛运用，成为日本企业界用来解决问题的规范流程方法。而美国企业则普遍使用福特 8D 法。8D 法又称团队导向的问题解决法、8D 问题求解法（8D Problem Solving）。

8D 工作方法起源于第二次世界大战期间，美国政府率先采用一种类似 8D 的流程——"军事标准 1520"，又称之为"不合格品的修正行动及部署系统"。1987 年，福特汽车公司首次用书面方式记录了 8D 法，在其一份课程手册中将这一方法命名为"团队导向的问题解决法"（Team Oriented Problem Solving）。8D 法作为美国福特汽车公司解决产品质量问题的一种方法，曾在供应商中广泛推行，现已成为国际汽车行业（特别是汽车零部件厂家）广泛采用来解决产品质量问题的最有效方法之一。

（一）8D 法的过程阶段

团队导向的问题解决法（8D 法）的八个阶段如表 3-5。

表 3-5 福特 8D 法的八个阶段

阶段	名称	要点
1	组建团队	确定相关方及人员，人员应有相关技能和时间保证
2	把握现状	描述问题，定义和限定范围
3	不良处置	控制损失，防止不良流出
4	原因分析	寻求问题根源，探求对策
5	纠正措施	实施改善对策
6	效果验证	检验对策效果
7	预防措施	实施标准化及巩固措施，举一反三
8	总结激励	追究责任并教育相关人员，总结经验，改善，激励

1. 组建团队

根据问题或课题的内容及发生的情况,选择内部及外部人员组成临时性的虚拟团队。如果是重大的跨部门课题,为了突破跨部门运作的阻力,必要时需要借助行政权威和专业权威的力量,请相关主管领导参与。组建团队后,根据业务内容确定解决问题的主导部门及责任人、职能支持部门及责任人,明确分工与配合要求。

2. 把握现状

把握现状又称问题描述,其实质是:应该有的标准状态是什么?目前的实际状态如何?对比之下发现的偏差、异常在哪里?问题涉及的范围有多大?是否应该具体化、数字化、直观化、书面化?

这一阶段的任务是:明确相关标准,确认实物样品,测量及统计相关数据,拍摄场景及样品照片。

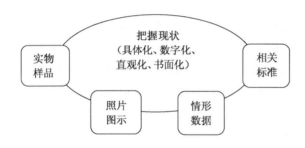

图 3.1 把握现状要求图

在把握现状的过程中,要坚持现场、现物、现实、原理、原则。团队成员要亲临生产现场第一线,把握真实状况和第一手材料,确保有效对应、分析到位。

把握现状过程中要确定判断标准,这样才能为问题的后续处置创造条件,最大限度地减少由此对生产造成的不利影响。

3. 不良处置

在控制损失不再扩大及确定判断标准的基础上,要优先保证不良品不会流入顾客处,所以,对不良品的处置成为这一阶段的重要工作。

对已经出现的不良品,处置的基本步骤是:确定不良范围,确定处置方法,做出具体安排,有效组织实施。

(1) 确定不良范围。

要确定不良可能涉及的范围,如在制品有无不良,仓库及堆场有无不良,已经出厂的产品有无不良的可能性,不良品有没有可能已经流到客户处,这些问题需要一一确认,做到万无一失。

(2) 确定处置方法。

根据对不良现状的掌握和确定的判断标准,对上述不良范围的不良品做出相应的处置,如修理后使用、挑选后使用、换货处理、产品召回、特殊采用等。

(3) 做出具体安排。

对处置时间、判断标准、处理方法、处理部门及具体人员的分工合作、联络方式等一一做出安排,并通知相关人员,确保理解到位。

(4) 有效组织实施。

具体实施上述安排,并做好过程管理,尤其要做好处理过程的质量保证、实物管理和数据统计,避免出现二次不良和二次混乱。

4. 原因分析

原因分析是问题解决过程中的重点和难点,只有掌握科学的方法,借助科学的工具,遵循科学的原理和规律,系统地进行分析,才能追根溯源,从根本上解决问题,防止问题再次发生。

(1) 系统分析。

导致问题的原因有多种,进行系统分析时要从人员、机器、材料、方法、测量和环境(5M1E)六大管理要素着手,运用头脑风暴、鱼骨图、关联图、失效模式分析等管理工具,将可能的原因罗列出来,寻找可能存在的问题根源。

分析的角度:5M1E。

分析的工具:头脑风暴法、鱼骨图、关联图、失效模式分析等。

分析的要点:现场现物、逻辑分析、数字说话、各抒己见、实际验证。

可能的原因:设计不完善、技能低下、材料缺陷或错误、模具缺陷或错误、条件不适或错误、违反作业标准、沟通不够、资源不足、意识薄弱、培训不足等。

(2) 寻找末端原因。

在原因分析过程中,一定要刨根问底,直到找到最终原因——末端原因。末端原因有三个特征:存在于流程中间;可以直接控制;排除后可消除不良或大幅度降低缺陷率。

在原因分析过程中要运用5个为什么分析法,即连续问5个"为什么",直到找到末端原因,如表3-6所示。在原因分析时,不要以"意识淡薄""操作不当""管理不严"等来解释原因,因为这些多是大话、空话,要从技术角度进行分析,才能找到这种表现的具体原因。

表3-6 5个为什么分析法案例

问题	一个工人将木屑洒在车间通道地面上。
第一个为什么	为何将木屑撒在地面上?
回答	因为地面有点滑,不安全。
第二个为什么	为什么会滑,不安全?
回答	因为地上有油渍。
第三个为什么	为什么会有油渍?
回答	因为机器在滴油。
第四个为什么	为什么会滴油?
回答	因为油是从连接器泄露出来的。
第五个为什么	为什么会泄露?
回答	因为连接器内的橡胶油封已经磨损了。
问题根源	是因为连接器内的橡胶油封已经磨损了,才导致问题产生。

(3)要因验证。

通过数据统计、系统分析找到的主要原因(简称要因),还要验证其是否准确。可以通过实验设计,对可能的要因采用比较法、排除法、再现法进行验证。

5. 纠正措施

末端原因找到了,对策自然就出来了。实施纠正措施就是彻底消除问题,防止不良再次发生。

确定对策要运用5W3H的方法进行具体化,并掌握基本要点,见表3-7。

表3-7 用5W3H方法确定对策的基本要点

5W3H方法		确定对策的要点
Why	明确目的、目标	(1) 对策必须详细、明确、专业 (2) 对策必须针对每一个末端原因 (3) 对策应包括纠正的证明（如修订指导书或新工装编号） (4) 对策应描述防止不良再发生的解决方法（改进计划） (5) 解决方案可为短期、长期 (6) 要做好文件化记录
Where	明确责任部门、实施地点	
What	明确实施对象	
Who	明确责任人、实施人	
When	明确时间期限和进度要求	
How	具体措施、相关标准	
How many	数字化的标准、要求	
How much	成本投入、投入产出比	

（1）注重物的改善。

运用现场防错法，注重技术分析，通过设备、设施的保证减少对人员技能和态度的依赖。

（2）注重流程完善。

从流程运作的角度对问题进行分析，往往能发现问题的出现会有多个环节的多个原因。对所有的原因都要制定对策，要修订相关流程标准，使流程能够环环相扣，杜绝疏漏，变事后救火为事前控制，某个环节出现失误，相关环节马上能够发现。

（3）注重人员教育。

对当事人及相关人员或全体员工进行教育是纠正措施的重要组成部分，但要具体化，避免空洞无物，如安排个别或全体员工的技能培训、考核、比武，编写单点课程或系统培训教案，组织反思会、研讨会、征文等，利用BBS、宣传栏等内部媒体进行全面宣传。

（4）坚持现场现物。

实施对策要落到实处，要彻底避免形式主义，在确定对策时不要以"加强教育""提高技能""严格管理"等作为纠正措施，这些还是空话、废话。加强教育要具体到对谁加强教育，具体怎样加强教育，是书面检讨还是班会当众检讨？提高技能应具体到怎样提高技能：脱产培训？有教材吗？要考试吗？培训师是谁？考核结果如何？有什么依据？考核不通过怎么办？

同时，不要以为返工、补料、换货是纠正措施，这些都只是不良品的临时处置措施。

6. 效果验证

实施改善对策后,要进行效果验证。效果验证包括两个方面:一是既定对策是否得到了彻底实施,二是既定对策实施后是否有效。

效果验证可以由相关部门自主进行,同时,作为职能管理部门,要对所有相关部门进行监督验证和系统验证。

效果验证要现场现物,验证记录要可视化、数据化,要有照片、图示等文件记录,还要对对策实施的可追溯性进行验证。

进行效果验证和记录时,不要以"效果良好""对策有效"作为验证说明,这些是空话,应该具体化、数字化,利用实物、事实和统计数据等进行说明,如改善实施时间,实施后某时间段内生产数量、不良品数量、不良率、不良率下降幅度,再据此判断对策的效果。

7. 预防措施

将有效的纠正措施纳入管理体系,做好相关文件的修订和有效版本的更新配置,将其变成可执行的、可培训的文件,确保有效对策得到固化,预防相同问题的再次发生。

同时,还要确认有无需要进一步完善的事项,并通过举一反三,对关联问题进行预防,防止类似问题再次发生。

8. 总结激励

任何事故的解决都必须以妥善解决作为基础,以管理责任人向客户或相关上级报告改善结果并取得其认可作为结束,切实实现闭环管理。

最后要对整个事故及其改善过程进行总结,包括:责任追究(产生责任、流出责任)、改善激励(认错态度、采取的对策、改善速度、改善效果)、经验总结(通过改善获得的方法体验、意识强化)以及未来期望(对当事人及相关人员的期望)。

建立了正确的问题意识才能善待问题,让问题给我们带来改进机会;具有全面的眼光,才能预见性地发现问题;学习和掌握 8D 法,才能使我们科学、高效率地分析和解决问题。

(二) 8D 流程图与 8D 问题分析报告表

图 3.2 和表 3-8 分别是 8D 流程框图和 8D 问题分析报告表的格式。

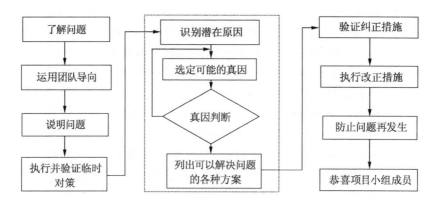

图 3.2　8D 工作流程框图

表3-8　8D问题分析报告表

问题编号：	问题主题：	开始日期：	责任人：
（2）描述问题：		产品生产线：	产品名称：
		（1）小组成员：	
（3）定义和验证遏制措施：			
（4）确定并验证根本原因：			完成日期
（5）确定纠正措施：			完成日期
（6）实施和确认纠正措施：			完成日期

续表

(7) 防止再次发生的措施：			完成日期	
报告人：	日期：	抄送：	日期：	
(8) 小组庆贺：				

（三）8D 法的适用范围

从上面的描述，我们可以看出：8D 法就是通过建立一个体系，使整个团队共享信息，并共同努力去达成目标；8D 法本身不提供成功解决问题的技术或途径，它只是解决问题的一个很有用的工具；它适用于过程能力指数低于其应有值时有关问题的解决；在面对顾客投诉及重大不良时，8D 法能提供解决问题的方法。

8D 过程方法适用于解决各类可能遇到的简单或复杂的问题，如不合格的产品问题、顾客投诉问题、反复频发的问题、需要团队作业的问题等。

运用 8D 法可以达成以下目标：

A. 提高解决问题的效率，积累解决问题的经验。

B. 找出现存的与质量问题相关的框架。

C. 杜绝或尽量减少问题的重复出现。

D. 8D 法原则上针对出现的问题，找出问题产生的根本原因，提出短期、中期和长期对策并采取相应行动措施。

E. 8D 法可跨部门建立小组来加强部门间的协调，推进问题有效解决，从而改进整个过程的质量，防止相同或类似问题的再发生，以保证产品质量。

五、IDEX（苏州）公司的 8D 法应用

IDEX 公司是一家生产高科技产品的跨国公司,有 73 家子公司遍布世界各地,产品涵盖流体控制、消防安全、漆色调控、医疗健康四大系列,年销售额超过 13 亿美元,其优良的产品品质和服务为业界所称道。IDEX 公司出色的产品源自于独特的管理,其中 8D 报告的运用便是其突出的表现之一。

IDEX 公司在处理客户投诉、制程稽查、进货检验等过程中,均采用纠正措施报告(Corrective Action Report,简称 CAR 报告)来分析跟踪并确认改进措施的有效性。CAR 报告采用福特公司发明的 8D 报告模型。下面是 IDEX(苏州)公司处理顾客投诉标签错误的 8D 报告过程。

1. D1：小组成立

在接到马来西亚客户投诉标签扫描问题后,公司迅速成立了问题解决小组。小组成员必须具备工艺/产品知识,具有所要求的能解决问题和实施纠正措施的技术素质,管理层授予了必要的权限并配给时间。小组有一名指导和一名小组长。关键要点：

(1) 成员资格。

小组面临的问题是一个有关产品追溯标签在客户端不能被扫描出来的投诉,问题涉及产品、生产及质量控制,小组成员由负责设计、生产和制程控制的产品工程师、生产领班、生产主管及制程质量稽查主管担当成员,并由负责客户投诉处理和出货质量控制的质量工程师担任组长,质量经理作为指导给予小组必要的支持和辅导。

(2) 目标明确。

在收到客户投诉的第一时间,就召集相关职能成员召开会议,在会议上明确小组的目标,限定分析处理和回复时间,原则上在 24 小时内必须给客户一个回应,报告已经和将会进行的进程,不管当时是否已经找到了真因。

(3) 分工。

为了最大限度地提高处理问题的效率,小组成员必须按照各自的职能

并结合问题点的可能发生环节进行分工合作,在各自负责的区域去分析讨论,寻找可能原因。

(4) 小组建设。

鉴于每次成立的小组成员是不固定的,而且有些问题的分析解决有一定的难度,需要一些时日,所以公司鼓励成员之间开展一些团队活动,以加深彼此的了解和交流沟通。

2. D2:问题描述

目的:用量化的术语详细说明与该问题有关的内/外部顾客抱怨,即顾客抱怨的内容、地点、时间、程度、频率等。问题描述要用尽可能多的介词来限定问题源,使小组成员能够在尽可能窄的区域范围去寻找答案。

方法:质量风险评定,失效模式分析(FMEA)。针对客户反映的问题描述,小组要对其进行风险评估,如客户对此失效的反感程度,是否会采纳挑选使用,自己工厂的成品库存及在途成品是否需要返工和召回,等等。同时为了能在第一时间找到造成问题的可能环节,应及时分析和回顾生产制程的 FMEA,即潜在失效模式分析表,从中找到一些可能原因去进行验证。

关键要点:

(1) 收集和组织所有有关数据以说明问题,其中包括需要跟客户进一步确认和澄清的信息。问题说明是对所描述问题的特别有用的数据的总结,进而审核现有数据,识别问题,确定范围。

(2) 细分问题,将复杂问题细分为单个问题,找到和顾客所确认问题一致的说明。例如,本案例所描述的问题就很明确地指出了是在客户生产装配过程中一些序列号条码标签无法扫描,客户对比分析后反馈不良标签有漏条码的现象。另外有一些条码可以扫描但扫描枪的反应很慢,影响了客户生产效率。这样的描述就可以使小组成员很清楚问题点到底在哪里,下一步就可以针对性地分析造成原因以及随后选择短期和长期措施了。

3. D3:实施并验证临时措施

目的:保证在永久纠正措施实施前,将问题产品与内外部顾客隔离。

方法:FMEA(失效模式分析)、DOE(试验设计)、PPM(纳入不良品率)分析、GR&R(再现性与重复性分析)等。

关键要点:

(1) 评价紧急响应措施,找出和选择最佳"临时抑制措施"。经过和客户的进一步沟通,小组得知客户端使用的扫描枪由于使用期偏长导致镜片磨损,其灵敏度低于IDEX工厂使用的扫描枪,另外IDEX工厂已经把部分扫描枪升级为了扫描性能更为可靠的型号,这就是为什么在IDEX工厂内部没有发现问题的原因。但这个问题的根本点出在IDEX公司,公司必须在第一时间为客户解决问题,因此IDEX决定借用客户的扫描枪将所有不良品100%筛选出来。

(2) 决策,即要决定在什么时候、什么地点来做筛选的动作。由于IDEX的客户远在马来西亚,出于对成本的考虑,最终IDEX决定凡是尚未出厂的成品全部在工厂内进行挑选隔离,而在途的和在客户端的成品则由IDEX公司新加坡办事处的同事联络当地的第三方服务公司进行挑选,以保证客户的正常生产不受影响。

(3) 实施并做好记录,在完成对所有怀疑产品的挑选后,记录发现的不良品数量和比例,这样的数据有时对团队分析问题十分有用。

(4) 验证(DOE、PPM分析、控制图等)。

4. D4:确定并验证根本原因

目的:用统计工具列出可以用来解释问题起因的所有潜在原因,将问题说明中提到的造成偏差的一系列事件或环境等原因相互隔离测试并确定产生问题的根本原因。

方法:FMEA、PPM分析、DOE、控制图。

关键要点:

(1) 评估可能原因列表中的每一个原因,判断原因可否使问题排除。因为问题的现象是部分条形码有漏码现象,所以经过对所有可能原因的讨论,排除了包装运输、人为操作和油墨质量的问题,原因集中到打印标签的打印机的打印头上。

(2) 验证原因查找的有效性,将好和坏的打印头打印出来的条码进行了对比确认,从外观上确定漏码确实是来自损坏的打印头,同时确认漏码可以用客户使用的扫描枪(型号为Symbol 2208)甄选出来。

5. D5:选择并验证永久纠正措施

目的:在生产前测试方案,并对方案进行评审以确定所选的校正措施能够解决客户问题,同时对其他过程不会有不良影响。

方法:FMEA。

关键要点:

(1) 决策,选择最佳措施。由于这个案例中造成问题的原因跟一些设计问题比起来相对比较单一,所以问题解决小组针对性地采取了两个主要措施。一个措施是在每天的首件检查项目中增加条形码漏码问题的检查,具体方法是用客户使用的型号为 Symbol 2208 的扫描枪扫描加目视检查的方式来确保每天打印出来的标签符合要求。另外一个措施是在不影响产品的前提下适当调大条形码的尺寸,以弥补客户端扫描枪灵敏度偏低的不足。而在另外一些与产品或工艺设计有关的案例中,最佳措施的选择要复杂得多。

(2) 管理层承诺执行永久纠正措施,这也是最终选定方案的一个前提。有些措施可能会涉及方方面面的问题,如额外投资、商业业务方面的影响等,则需要管理层从多方权衡圈定最佳方案。

6. D6:实施永久纠正措施

目的:制订一个实施永久措施的计划,确定过程控制方法并纳入文件,以确保根本原因的消除。在生产中应用该措施时应监督其长期效果。

方法:防错、统计控制。

关键要点:

(1) 执行永久纠正措施,废除临时措施。

(2) 利用故障的可测量性确认故障已经排除,定期追踪是否还有类似的问题发生。

(3) 控制计划、工艺文件修改。本案例中,公司及时更新了首件检查表,同时在 FMEA 和控制计划表系统中也加入了相应的内容,及时做到标准化、目视化。

7. D7:预防再发生

目的:修改现有的管理系统、操作系统、工作惯例、设计与规程以防止这一问题与所有类似问题重复发生。

关键要点:

(1) 选择预防性措施。经过小组成员的进一步研究讨论,大家发现公司目前使用的条形码即 39 码有一定的局限性,在公司产品本身外形尺寸比较小的情况下,由于标签尺寸大小的限制,将来还是有发生无法扫描或扫描反应迟缓的可能性,而条码比较简洁清晰的 128 码更加适用于公司的产品,因此经过跟客户的沟通和样品的确认,最终选用了更适合的 128 码。

(2) 验证有效性。更改了条形码格式后,不论是在客户端还是工厂内部,都没有再发现过条码扫不出和扫描反应迟缓的问题。甚至还发现,用了

128码后,即使打印头有以前同样的问题,由于码制的变更,对扫描不再有任何影响。当然,出于对质量的考虑,公司还是会在发现打印头有缺陷的第一时间及时更换打印头,避免出现不必要的麻烦。

(3) 重新确定组织、人员、设备、环境、材料、文件。针对不同的措施可能要变更相应的范畴,从人、机、料、法、环等方面去考虑相应的更新。在公司最终的措施里就包含了通过工程变更通知书(ECN)进行图纸版本的升级、FMEA的再次变更等。

8. D8:小组祝贺

目的:承认小组的集体努力,对小组工作进行总结并祝贺。

关键要点:

(1) 有选择地保留重要文档,浏览小组工作,将心得形成文件。一些客户的最初反馈、样品确认书及预防措施的效果确认反馈等应当归档,这些也是部门内部很好的培训教材,特别是对工程师分析问题、解决问题以及客户沟通能力方面的提高有着很好的借鉴价值。

(2) 了解小组解决问题的集体力量,对其解决问题做出的贡献给予必要的物质、精神奖励。

CHAPTER 4

常用问题分析方法

合理化建议的开展源于员工对身边问题的发现与认识，这里不仅涉及员工的问题意识，也与员工分析问题的能力与掌握的分析方法有关，下面我们主要介绍顾客满意度分析、产品价值分析、作业分析、价值流图分析以及部分常用统计图分析方法，这些分析方法的掌握有助于员工发现和分析身边的问题。

一、顾客满意度分析

在市场竞争中，企业常常以提高自己产品的市场份额为奋斗目标，因为市场份额的扩大可以带来更高的回报和利润。然而在竞争日益激烈、市场日趋饱和的今天，面对一个慢增长、高竞争、容量有限的全球性市场，原有的市场竞争概念和企业竞争理论在实践中已越来越力不从心，传统的竞争策略已不是最有效的武器，要想占有更大部分的市场份额是非常困难的，而且要付出非常高昂的代价，甚至得不偿失。因此，一些企业将目光聚焦于顾客，开始通过对顾客满意度的调查和对调查数据进行深层次分析，判定能使消费者满意的主攻方向，主动地在对顾客满意度影响最大的关键因素上做出努力与改进，最大限度满足顾客的现实及潜在需要，使顾客成为"忠诚的顾客"。

"客户之声（Voice Of Customer，简称 VOC）"调查作为顾客满意度的测量工具，以现场调研和深度访谈的方式，聆听客户对企业经营管理问题的评价和陈述，并通过严格提炼与严谨分析，用数据和标准案例的形式呈现出客户隐藏的感性的、分散的和游离的想法与意见，形成客户之声报告并反馈给企业决策者，帮助其及时调整销售政策和策略。"客户之声"是对企业与客户运营协同度、忠诚度与满意度的检测，是评估企业运营效率的有效工具。通过聆听客户心声，可以克服企业管理的盲区，提升系统运营能力。

现在，一些发达国家的大企业基本都已经建立了自己的顾客满意度调查和监测机构，负责公司产品的顾客满意度动态监测，随时指导企业的产品设计、销售、服务等部门改进产品质量和服务。

(一) 顾客满意度模型

顾客满意度这一概念的提出,最早可以追溯到 20 世纪 60 年代,但在世界范围内推广使用是在 20 世纪 80 年代末 90 年代初。最早在全国范围内建立顾客满意度体系的国家是瑞典,1989 年瑞典在美国经济学家 Claes Fornell 教授的帮助下建立了第一个顾客满意度指标体系 SCSI,即瑞典指数。5 年后,美国也在 Claes Fornell 教授等人的帮助下建立了自己的顾客满意度指数,即 ACSI。此后,加拿大、欧盟、日本、新加坡等国家也相继引入此概念,先后建立了自己的顾客满意度指数。我国也于 2002 年建立了自己的顾客满意度测量体系,即中国顾客满意指数(China Customer Satisfaction Index,简称 CCSI)测量模型。

顾客满意度测评指标体系是一个多指标的结构,运用层次化结构设定测评指标,能够由表及里、深入清晰地表述顾客满意度测评指标体系的内涵。通过长期的实践总结,将测评指标体系划分为四个层次。每一层次的测评指标都是由上一层次测评指标展开的,而上一层次的测评指标则是通过下一层的测评指标的测评结果反映出来的,这四个层次的顾客满意度指标体系为:

(1) 第一层次指标,即一级指标,顾客满意度指数。它是顾客满意度研究的总目标。

(2) 第二层次指标,即二级指标,包括六大指标:顾客期望、顾客对质量的感知、顾客对价值的感知、顾客满意度、顾客抱怨和顾客忠诚。这六大指标间相互联系,构成了顾客满意度指数的一个较完美的模型。反映这种关系的模型有很多,但是最有代表性的是美国的顾客满意度指数(ACSI)模型,如图 4.1 所示。

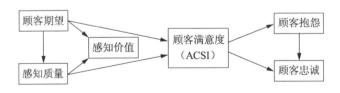

图 4.1 美国顾客满意度指数模型

(3) 第三层次指标,即三级指标,就是将第二层次的六大指标进一步分解所得的指标。比如,可以将顾客期望分解为顾客对企业产品或服务质量的总体期望、顾客对企业产品或服务质量满足顾客需求程度的期望、顾客对企业产品或服务质量可靠性的期望等。对其他指标的分解见表 4-1。

表 4-1 顾客满意度测评的一、二、三级指标

一级指标	二级指标	三级指标	四级指标（问句）
顾客满意度指数	顾客期望	顾客对产品或服务质量的总体期望 顾客对产品或服务质量满足顾客需求程度的期望 顾客对产品或服务质量可靠性的期望	（略）
	顾客对质量的感知	顾客对产品或服务质量的总体评价 顾客对产品或服务质量满足需求程度的评价 顾客对产品或服务质量可靠性的评价	
	顾客对价值的感知	给定价格时顾客对质量级别的评价 给定质量时顾客对价格级别的评价 顾客对总成本的感知 顾客对总价值的感知	
	顾客满意度	总体满意度 感知与期望的比较	
	顾客抱怨	顾客抱怨 顾客投诉情况	
	顾客忠诚	重复购买的类别 能承受的涨价幅度 能抵制的竞争者的降价幅度	

（4）第四层次指标，即四级指标，是对三级指标的进一步分解，分解的结果通常被称为"问句"，也就是在顾客满意度调查问卷中的每一个语句。这些语句综合的结果，可以反映三级指标的数值。比如，顾客对产品质量的总体评价可以分解为产品的外观、产品质量的稳定性、产品使用性能、产品安全性等；顾客对服务质量的总体评价可以分解为服务的及时性、服务的可靠性、服务的态度、日常服务质量、紧急服务质量等。

由于顾客满意度测评指标体系是依据顾客满意度（ACSI）模型建立的，因此，测评指标体系中的一级指标和二级指标的内容基本上对所有的产品和服务都是适用的。实际上，建立顾客满意度测评指标体系，主要是设定测评指标体系中的三级指标和四级指标。三级指标的具体内容可归纳为如表 4-1 所示的 17 项测评指标。这些三级指标是一个逻辑框架，在各行业原则上都是可以运用的，在对某一具体产品或服务的顾客满意度测评的实际操作中，应该根据顾客对产品或服务的期望和关注点具体选择，灵活运用。测评指标体系的四级指标是由三级指标展开而来，是顾客满意度测评中直接面对顾客的指标，它是和顾客满意度测评问卷中的问题相对应的，因而四级

指标中的问句需要针对具体问题而设。

(二) VOC 系统的建立

事实和研究表明,VOC 系统的建立能有效帮助企业改进产品与服务,提升顾客满意度水平,从而赢得顾客忠诚。此外,研究也表明,随着客户需求的多样化和个性化,用户(顾客)在企业的产品与服务创新中也发挥着关键作用。企业的技术创新不能再仅仅停留在企业内部,应让客户参与到企业的技术创新过程中。VOC 系统的建立,有助于客户参与到产品与服务的设计中,开发出令客户满意的产品与服务。

一些企业的用户满意度反馈体系的建立大致经历了三个阶段:

第一阶段:考核。开始实行时主要应付上一级的考核,了解自身现状,并把考核压力传递给下级单位,促使本组织达标。

第二阶段:改进短板。通过对满意度相关知识的了解和基本方法的运用,企业明白了满意度调查展现的结论,看清楚了用户的评价,也逐步明了企业管理的不足之处。克服短板的调研需求因此产生。

第三阶段:倾听顾客声音。这是企业从被动解决问题到主动引导市场的转折。市场竞争让用户变得更有主动权,供给双方地位逐步逆转。用户的想法成了企业发展的机会,分析与创造性地运用顾客观点与信息成为企业最有价值的工作。

从一些企业的实践来看,建立顾客反馈系统,使"顾客之声(VOC)"能够正确地传递,需要做好以下几个方面的工作:

(1) 把建立顾客反馈系统作为一个持续的活动。VOC 方法运用的第一动因是:把建立顾客反馈系统看作企业需要优先处理的事情和工作中心。

(2) 清楚界定过程的顾客。过程输出结果的接受对象是谁? 即"谁是我们过程的顾客?"回答这个问题就可以使我们正确了解企业的外部顾客。

(3) 收集用于建立顾客反馈系统的数据和信息。可以从不同的顾客收集信息,包括当前感到满意的顾客、当前感到不满意的顾客(包括那些抱怨和没有抱怨的顾客)、流失的顾客、竞争对手的顾客、潜在的顾客等。

(4) 采用多种多样方法。如:定向/分层访谈或调查、顾客调查表(记分卡)、数据库、顾客评审或者供应商评审、质量功能展开(QFD),等等。

(5) 收集具体数据,使用有效信息。在收集顾客反馈数据的过程中,应该控制顾客的表达方式,从而使其能够更好地描述自己的需求。应该注意,完成收集顾客数据只是第一步,接下去要分析了解顾客反馈的数据,还要据此采取行动,这样顾客反馈的数据才能得到充分的使用。

建立顾客满意度反馈系统是企业"以顾客为中心"的经营战略的基础,系统的建立有助于顾客信息的连贯性和规范性,便于统计对比分析,也有助于顾客满意度信息在企业内部的发布与传递,避免企业内部各部门的重复调研,节约资源与时间。顾客之声(VOC)分析在合理化建议活动中起到了很好的信息沟通作用,使员工的合理化建议能更好地从顾客价值出发,从而使企业的合理化建议活动更具针对性和效益性。

小资料:

建设银行呼叫中心的"客户之声"

建设银行信用卡中心 800 客服热线电话每天都要处理客户来电 20 万通,为客户解决各种各样的问题,其中蕴含着成千上万的宝贵信息,堪称一个信息的宝藏。而"客户之声"正是通过系统化、科学化的方法,深入挖掘隐藏在大量信息背后的价值。800 客服中心每一个座席员都是"客户之声"的倾听者,他们每天对客户的投诉、建议以及服务记录进行整理,将有价值的信息上报督导。督导对服务记录再进行分析,把客户反映比较集中的问题上报给每个客服中心设置的"客户之声"专员,这些信息连同从内部论坛、互联网、对外服务邮箱等渠道收集到的信息一并整理、分类,形成"客户之声"报告,汇总到 800"客户之声"管理岗。通过进一步核实、甄别、整理,形成专题通报,定期发布给中心领导和各个部门。随后,中心开始启动相应的改进和优化工作,客户的建议或是立即成为新的业务实践,或是被列入中心下一步的工作计划,或是纳入正在推进的改进项目、专题调研、跨部门协调会议,信息的价值被不断挖掘,并逐渐成为推动业务进步的动力。在每月的"客户之声"专题会上,信用卡中心还会跟踪检验各项"客户之声"落实情况,通过现场协调,当场决策,迅速解决问题。

从 2007 年初至今,建行信用卡中心已经发布 50 多期"客户之声",总计反映上百项问题和建议,已处理问题近 90 项,解决率达 90%。"客户之声"在有效推动多项业务流程优化方面发挥了重要作用。

(本材料由中国建设银行呼叫中心刘颖于 2013 年供稿)

(三) VOC 系统的应用

如何开展正确有效的顾客满意度调查和研究,一般认为可以从以下七个步骤来做好该项工作:

1. 确定调查的内容

开展顾客满意度调查研究,必须首先识别顾客和顾客的需求结构,明确开展顾客满意度调查的内容。不同的企业、不同的产品拥有不同的顾客。不同群体的顾客,其需求结构的侧重点是不相同的,例如,有的侧重于价格,有的侧重于服务,有的侧重于性能和功能等。一般来说,调查的内容主要包括以下几个方面:产品内在质量,包括产品技术性能、可靠性、可维护性、安全性等;产品功能需求,包括使用功能、辅助功能(舒适性等);产品服务需求,包括售前和售后服务需求;产品外延需求,包括零备件供应、产品介绍资料、培训支持等;产品外观、包装、防护需求;产品价格需求;等等。

2. 量化和权重

顾客满意度调查的本质是一个定量分析的过程,即用数字去反映顾客对测量对象的属性的态度,因此需要对调查项目指标进行量化。顾客满意度调查了解的是顾客对产品、服务或企业的态度,即满足状态等级,一般采用七级态度等级或五级态度等级。七级态度等级为:很满意、满意、较满意、一般、不太满意、不满意和很不满意,相应赋值为 7、6、5、4、3、2、1。

一般而言,很满意表明产品或服务完全满足甚至超出顾客期望,顾客非常激动和满足;满意表明产品或服务各方面均基本满足顾客期望,顾客称心愉快;较满意表明产品或服务许多方面满足顾客期望,顾客有好感,持肯定态度;一般表明产品或服务符合顾客最低的期望,顾客无明显的不良情绪;不太满意表明产品或服务未满足顾客的主要期望,顾客抱怨、遗憾;不满意表明产品或服务的一些方面存在缺陷,顾客气愤、烦恼;很不满意表明产品或服务有重大的缺陷,顾客愤慨、恼怒。

对不同的产品与服务而言,相同的指标对顾客满意度的影响程度是不同的。例如,售后服务对耐用消费品行业而言是一个非常重要的因素,但是对于快速消费品行业则恰恰相反。因此,相同的指标在不同指标体系中的权重是完全不同的,只有赋予不同的因素以适当的权重,才能客观真实地反映出顾客满意度。权重的确定可以采用特尔斐法,即邀请一定数量的有关专家分别对调查的每一项内容进行权重赋值,并请他们将各自的权重结果发送给调查者,调查者将综合后的结果再返还给专家,专家利用这一信息进行新一轮的权重赋值,如此往返几次,一直到取得稳定的权重结果。

3. 明确调查的方法

目前通常采用的方法主要包括三种:

(1) 问卷调查。这是一种最常用的顾客满意度数据收集方式。问卷中包含很多问题,需要被调查者根据预设的表格选择该问题的相应答案,顾客从自身利益出发来评估企业的服务质量、顾客服务工作和顾客满意水平。同时也允许被调查者以开放的方式回答问题,从而能够更详细地掌握他们的想法。

(2) 二手资料收集。二手资料大都通过公开发行刊物、网络、调查公司获得,在资料的详细程度和资料的有用程度方面可能存在缺陷,但是它仍然可以作为深度调查前的一种重要的参考。特别是进行问卷设计的时候,二手资料能提供行业的大致轮廓,有助于设计人员对拟调查问题的把握。

(3) 访谈研究。包括内部访谈、深度访谈和焦点访谈。内部访谈是对二手资料的确认和对二手资料的重要补充。通过内部访谈,可以了解企业经营者对所要进行的项目的大致想法,同时内部访谈也是发现企业问题的最佳途径。

深度访谈是为了弥补问卷调查存在的不足而实施的典型用户访谈。深度访谈是针对某一论点进行一对一的交谈,在交谈过程中提出一系列探究性问题,用以探知被访问者对某事的看法,或做出某种行为的原因。一般在实施访谈之前应设计好一个详细的讨论提纲,讨论的问题要具有普遍性。

为了更周全地设计问卷或者为了配合深度访谈,可以采用焦点访谈的方式获取信息。焦点访谈就是一名经过企业训练的访谈员引导8~12人(顾客)对某一主题或观念进行深入的讨论。焦点访谈通常避免采用直截了当的问题,而是以间接的提问激发与会者自发的讨论,可以激发与会者的灵感,让其在一个"感觉安全"的环境下畅所欲言,从中发现重要的信息。

4. 选择调查的对象

一些企业在确定调查的对象时往往只找那些自己熟悉的老顾客(忠诚顾客),排斥那些可能对自己不满意的顾客。有时候,一些企业只是在召开产品产销会、订货会时进行顾客满意度调查,来者往往有求于企业,也只好多说好话少说坏话。而且,这样的座谈会往往局限于经销商,而参加产销会、订货会的往往又只是经销商的采购人员,他们不是产品的最终使用者,甚至没有直接接触过产品的购买者或最终使用者。

因此,如果顾客较少,应该进行全体调查。但对于大多数企业来说,要进行顾客的全面的总体调查是非常困难的,也是不必要的,应该进行科学的随机抽样调查。在抽样方法的选择上,为保证样本具有一定的代表性,可以按照顾客的种类,如各级经销商和最终使用者、顾客的区域范围(华东、华南、华北、华西)等分类进行随机抽样。在样本的大小确定上,为获得较完整的信息,必须要保证样本足够大,但同时也要兼顾到调查的费用和时间的限制。

5. 收集顾客满意度数据

顾客满意度数据的收集可以是书面或口头的问卷、电话或面对面的访谈,若有网站,也可以进行网上顾客满意度调查。调查中通常包含很多问题或陈述,需要被调查者根据预设的表格选择问题后面的相应答案,有时候需要让被调查者以开放的方式回答,从而能够获取更详细的资料,掌握关于顾客满意水平的有价值的信息。

6. 科学分析

现在许多企业进行顾客满意度调查后,只简单地根据自己公司制定的测量和计算方法,计算均值后比较一下即结束了。其实如果我们进一步选用合适的分析工具和方法,顾客满意度测量结果可以给我们提供许多有用的信息。针对顾客满意度调查结果分析,常用的方法有:方差分析法、休哈特控制图、双样本 T 检验、过程能力直方图和帕雷特(Pareto)图等,SPSS 统计软件也是一个进行统计分析的良好工具。

因此,为了客观地反映顾客满意度,企业必须确定、收集和分析适当的顾客满意度数据并运用科学有效的统计分析方法,以证实质量管理体系的适宜性和有效性,并评价在何处可以持续改进。顾客满意度数据的分析将提供以下有关方面的信息:

A. 顾客满意与服务要求的符合性;

B. 过程和服务的特性及趋势,包括采取预防措施的机会;

C. 持续改进产品或服务的过程与结果;

D. 不断识别顾客,分析顾客需求变化情况;

E. 企业应建立健全分析系统,将更多的顾客资料输入到数据库中,不断采集顾客的有关信息,并验证和更新顾客信息,删除过时信息。同时,还要运用科学的方法,分析顾客发生变化的状况和趋势,研究顾客消费行为有何变化,寻找其变化的规律,为提高顾客满意度和忠诚度打好基础。

7. 改进计划和执行

在对收集的顾客满意度信息进行科学分析后，企业就应该立刻检查自身的工作流程，在"以顾客为关注焦点"的原则下开展自查和自纠，找出不符合顾客满意管理的流程，制订企业的改进方案，并组织企业员工实行，以达成顾客满意。

总之，通过科学正确的顾客满意度研究，可以使经营管理者更精确地掌握顾客需求，持续领先其他竞争者，提供超越顾客期待的质量水准，甚至达到令顾客意外惊喜的境界。顾客满意度调查作为企业全面系统地了解和掌握顾客对其产品或服务满意度情况的首要环节，也是企业与顾客沟通与联系、密切合作关系、提高顾客关系管理水平的重要途径。因此，建立顾客之声系统，科学实施调研和分析，是企业赢得竞争优势不可或缺的工具和方法。

二、价值分析

最早提出价值分析方法（简称 VA，即 Value Analysis）的是美国通用电器公司的采购工程师迈尔斯（L. D. Miles）。迈尔斯在寻找一种价格便宜又能防火的纸来替代石棉板的过程中，通过分析产品的用途与功能以及用最低的成本向用户提供所需要的功能，发展出了一套采用替代品的分析方法，并将这套方法以"价值分析"为题发表在《美国机械师》杂志上。后来这一方法得到推广与采用，并被命名为"价值工程"（VE）。20世纪80年代初，价值工程在我国《企业管理现代化纲要（草案）》中作为18种现代化管理方法之一加以推广。

（一）价值分析中的主要概念

1. 价值

"价值分析"中的"价值"是一个综合性的概念，也就是我们通常说的"性价比"，即评价事物的有效程度的尺度。价值反映成本（费用）与功能的关系。这种关系可以用下式来表达：

$$价值(V)=功能(F)/成本(C)$$

上式说明,功能越高,成本越低,则价值越大。例如,在评价一种产品价值大小时,不仅要考虑到产品的使用功能,而且要考虑到产品的成本和使用费用,功能相同的两种产品,成本较低的价值大;成本相同的两种产品,功能高的价值大。产品的价值大就是人们常说的"价廉物美"。

2. 功能

功能是价值工程中的一个重要概念。产品的功能是指产品的用途和作用,如手表的功能是"提供时间",电冰箱的功能是"保存食品",等等。人们可以从不同的角度对功能进行分类:

(1) 按功能的重要性可分为基本功能和辅助功能。基本功能是实现产品用途必不可少的功能,辅助功能是为了更好地实现基本功能而辅加的功能。例如,手表的基本功能是提供时间,而"无光显示"(夜光表)就是手表的辅助功能。区别基本功能和辅助功能可以明确产品多种功能的重要程度,以便合理地控制成本。

(2) 按功能本身的性质可以分为使用功能和美学功能,这根据产品的特点而有所侧重。如地下管道、润滑油只具有使用功能,工艺美术品只具有美学功能,而手表、电冰箱等则要求同时具备使用功能和美学功能。区别使用功能和美学功能可以根据产品的特点寻找改进功能的途径。

(3) 按功能与用户的关系可分为必要功能、不必要功能、过剩功能和不足功能等。功能及其大小为用户所需则为必要功能;用户所不需要的用途为不必要功能;满足程度超过必要功能过多者为过剩功能,达不到者为不足功能。区别清楚必要功能和不必要功能、过剩功能和不足功能,有利于消除不必要功能和过剩功能,补充必要功能和不足功能,这是价值工程的一项重要原则。这里,用户的区分是非常重要的,某一功能对某些用户而言是必要功能,而对另一些用户而言则可能是不必要功能。

3. 成本

价值工程中的成本,是指产品寿命周期成本,是从制造到报废或失去使用价值的整个阶段中顾客所支出的全部费用。它包括用户为购买产品所支付的购置费、安装调试费、产品在使用期发生的能源消耗费、维修费用、人工费用,以及产品报废时所需的清除费用。简而言之,产品寿命周期成本包括两个部分,生产制造成本和使用成本。价值工程要求既要重视降低制造成本,也要重视降低使用成本,只有寿命周期成本降低了,才能提高产品的竞争能力,也才能体现出其社会经济效益。

(二)提高价值的途径

从价值的基本含义可以看出提高价值有以下五条基本途径:

(1) 在保持产品功能不变的条件下,降低产品成本以提高价值。

$$V\uparrow = F\rightarrow /C\downarrow$$

(2) 在保持产品成本不变的条件下,提高产品功能以提高价值。

$$V\uparrow = F\uparrow /C\rightarrow$$

(3) 产品成本虽有增加,但产品功能大大增加,价值也得以提高。

$$V\uparrow = F\uparrow\uparrow /C\uparrow$$

(4) 在不影响产品基本功能的前提下,针对用户的要求,适当降低一些辅助功能,使产品的成本有较大程度的降低以提高价值。

$$V\uparrow = F\downarrow /C\downarrow\downarrow$$

(5) 改革产品,既提高功能,又降低成本,大大提高价值。

$$V\uparrow\uparrow = F\uparrow /C\downarrow$$

上述五条途径都可以提高价值,企业选择何种途径主要根据两个方面的因素决定。一方面是用户的要求,另一方面是企业的条件。这两个因素,前者是根本,后者应该适应前者,企业只有以用户为中心,才能立足市场,获得生存和发展。例如,不同的消费者对产品有不同的要求,有的消费者喜爱产品新颖和多功能,即使价格贵些也愿意购买;有的消费者喜欢产品实用,只要产品的基本功能满足要求,降低一些辅助功能也可以,但要价格低廉。对于上述两类消费者,企业可以分别采用第 3 种和第 4 种途径来满足要求。

(三)价值分析的程序

价值分析工作的程序一般可以分为八个步骤,这八个步骤可分为两个阶段,前三个步骤为分析问题、发现问题阶段,后五个步骤为解决问题阶段。这一程序与前面我们讨论过的过程方法相似。价值分析活动围绕七个基本问题展开,具体内容如表 4-2 所示。这里主要介绍前三个步骤,后面的五个步骤在其他章节已有涉及,此处不再展开讨论。

表 4-2 价值分析的工作程序

阶段	基本步骤	对应的基本问题
分析、发现问题阶段	1. 对象的选择	1. 这是什么？
	2. 收集情报资料	
	3. 功能分析	2. 这是干什么的？ 3. 它的成本是多少？ 4. 它的价值是多少？
解决问题阶段	4. 提出改进方案	5. 有其他方法实现这种功能吗？
	5. 方案评价	6. 新方案的成本是多少？
	6. 试验	7. 新方案能满足功能要求吗？
	7. 修改、确定方案	
	8. 实施	

不同对象的价值分析的工作程序也不尽相同，工作步骤可粗可细，企业可以根据价值分析对象的具体情况划分工作步骤。

1. 对象的选择

价值分析活动首先要确定研究的对象。制造型企业价值分析活动的对象主要是产品。就一个企业而言，不可能将所有产品都作为研究对象；就一个产品而言，也不可能对其所有的零部件都进行价值分析，而需要抓住重点，有选择地确定对象。对一个多品种生产的企业来说，可从以下几个方面考虑：

A. 从市场方面考虑，选择市场前景好、用户意见大、竞争力差、利润少的产品；

B. 从设计方面考虑，选择结构复杂、材料较贵、笨重、性能较差的产品；

C. 从生产制造方面考虑，选择产量大、工艺复杂或落后、原材料消耗高、耗工时多、成品率低的产品；

D. 从成本方面考虑，选择成本高于同类产品者，或选择在成本构成中占比重较大的组成部分作为分析对象；

E. 从产品发展方面考虑，应选择正在研制即将投入市场的产品。

价值分析对象选择的方法可以采用用户评分法、经验分析法、ABC 分析法等。

用户评分法就是通过用户对产品的各项功能进行评分，从中找出应该改进的功能。这种方法体现了以用户为中心的管理思想。采用用户评分法可以充分了解用户的需求,生产出适销对路的产品。这一方法比较适合工业与设备类产品。

经验分析法是根据价值分析人员的经验来选择对象的方法。此法的优点是简便易行,考虑问题也较综合全面,缺点是受价值分析人员的水平和主观经验影响较大。为减少和克服这种方法的缺点,可以选择熟悉业务、经验丰富的人员,集体研究共同讨论决定。此方法较适合于一般消费品。

ABC分析法起源于意大利经济学家帕雷托(Pareto)对人口与社会财富分配问题的研究。ABC分析法也被称为重点管理法或80/20法则。在价值分析中,ABC分析法常用于对产品零件成本进行分析。一个产品的成本在每个零件上的分配是不均匀的,往往是少数零件的成本占了产品成本的绝大部分。运用ABC分析法就是将产品的各零件按其成本高低依次排列,绘制成本累积分配图,从中选择占成本比重大、占零件总数比重小的作为价值分析的对象。这样的选择往往能抓住重点,降低成本的潜力也比较大。

2. 收集情报资料

价值分析对象确定之后,要围绕所选择的对象收集有关信息,以便从中得到价值分析活动的依据、标准、存在问题、对比对象等,也可从中得到启示,开拓思路。

如果对象为某一产品,则一般需要收集如下几个方面的情报资料:

A. 产品使用及销售方面的情报资料。包括用户的使用目的、使用条件和使用环境,产品的运行情况,用户的意见和要求,市场上主要竞争者的同类产品的运行情况、价格、售后服务情况等情报资料。

B. 技术资料。包括本产品的设计、制造等技术档案,国内外同类产品的设计方案、产品结构、加工工艺、设备、材料的各种标准等情报资料。

C. 成本分析资料。主要为本产品的成本构成,如材料费、加工费、外购件价格等。

D. 本企业的基本情况。如经营理念、生产能力、技术经济指标等,以及本企业在价值分析活动中积累的经验和资料。

E. 政府和社会方面的情报资料。包括有关法规、条例、政策,当地自然环境要求等。

为了更好地收集情报资料,应该制订情报收集计划。情报收集计划一般包括:情报内容、情报来源、情报收集的时间、收集的方法、收集情报的人员等。

收集的情报资料要求准确可靠,因此,对收集到的情报资料要仔细分析,反复推敲,剔除不可靠的,对可靠的进行分类整理和分析,对于需要的但尚未收集到的情报资料要列出备忘录,以便在价值分析活动过程中继续收集。

3. 功能分析

功能分析是价值分析中的关键环节。通过功能分析,可以明确产品的功能要求,发现哪些功能是必要的,哪些功能是不必要的,哪些功能是过剩的,哪些功能是不足的,从而找出实现所需功能的最佳方案。功能分析的内容包括功能定义、功能整理和功能评价。

(1) 功能定义。

功能定义就是用准确的语言描述产品或零部件的功能。这是一项十分细致的工作。给功能下定义时,通常使用动宾词组来表达,如手表的功能是"提供时间",电冰箱的功能是"保存食品"等。功能定义时,动词要做到简明、准确、客观,要尽可能使用能够量化的名词。例如,煤气炉定义为"提供热源"就比定义为"提供火源"合适,因为"热"有现成的度量单位"卡",便于定量分析。另外,由于功能定义的动词决定着改进方案的方向和实现这一功能的手段,所以使用的动词不仅要准确,而且要适当抽象,以提高启发性。例如,一个零件需要一个孔,如果把加工工艺定义为"钻孔",则很容易将人们的思路局限于在钻床上去实现这一功能,而如果定义为"做孔",则会扩大人们的思路,启发人们从钻孔、冲孔、铸孔等多方面寻找实现这一功能的方式。

(2) 功能整理。

功能定义后必须进行功能整理。功能整理的作用有三:一是修正不准确的定义;二是明确各功能之间的逻辑关系;三是通过分析,把握必要功能,找出不必要的功能,补充不足功能。

功能整理的方法很多,下面介绍一种功能分析系统技术法(Function Analysis System Technique)。这种方法的大致步骤如下:

A. 挑选出基本功能,并把其中最基本的排列在左端,称为最上位功能。

B. 逐个明确功能之间的关系,是上下位关系,还是并列关系。上下位关系即目的与手段的关系,上位功能是目的,下位功能是手段。例如,电冰箱的基本功能是"保存食品",为达到这一目的,"制冷"和"保温"都是手段,则"保存食品"是上位功能,而"制冷"和"保温"都是下位功能;而"制冷"和"保温"之间的关系是并列功能关系,如图 4.2 中的功能 F_1 和功能 F_2。

C. 画出功能系统图。按照上位功能在左、下位功能在右的顺序排列,并列功能可在同一位置上下排列。图 4.2 是功能系统图的一般形式。

D. 在功能系统图上标出对应的零部件的名称,以便进行功能评价及提出改进方案。

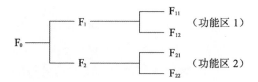

图 4.2 功能系统图的一般形式

在图 4.2 中,F_0 是整个产品的基本功能,也是最上位功能,F_1、F_2 是 F_0 的下位功能,也就是达到 F_0 的手段,F_1、F_2 之间是并列关系。F_{11}、F_{12} 是 F_1 的下位功能,同时,F_{11}、F_{12} 组成一个功能区。依此类推,通过功能整理,可以把产品的功能用系统图表示出来。

(3) 功能评价。

功能定义和功能整理都是对功能进行定性分析,而功能评价的目的是对功能进行定量分析。功能评价是在功能系统图的基础上,用 $V=F/C$ 这个公式,计算出各个功能或功能区的价值系数,以便根据价值系数确定具体的价值分析对象。具体的步骤如下:

A. 确定功能成本。在功能系统图中,每个功能都对应相应的零部件,因此,确定功能成本时可以以产品的制造成本为依据。但是,一个零件往往不止一个功能,而实现一个功能也往往用到不止一个零件,这就需要将零件的成本换算成功能成本。换算的方法是:① 一个零件只有一个功能,则零件成本就是功能成本;② 一个零件有两个以上功能,则把零件成本按功能的重要性分摊给各个功能;③ 上位功能的成本是下位功能的成本之和。

B. 确定功能评价值。功能评价值的确定方法有经验估算法、理论计算法和功能比重分配法等。

经验估算法是组织一些有经验的人,对实现某一功能的方案进行成本估算。如果实现某一功能只有一个方案,而各人的估算可能不同,取其平均值为功能评价值;如果实现某一功能有几个方案,则取各方案中成本最低者作为功能评价值。

理论计算法是利用工程设计分析的方法和计算公式,计算出实现某一功能所需的材料费、人工费等,以其最低费用作为功能评价值。

功能比重分配法是在确定某一产品基本功能的目标成本的基础上,通过对其各组成部分的功能重要程度进行评分,将产品成本分配到各组成部分以确定各自的功能评价值的方法。具体方法有:直接打分法、01打分法、倍数确定法等。下面对01打分法作一介绍。

01打分法是根据零件的重要程度,采取一对一对比打分,重要者给1分,次要者给0分。然后,求出每个零件的得分和所有零件的总得分,计算出各个零件在总得分中所占的比重,按比重分配目标成本,确定各个零件的功能评价值。

【示例】某产品有5个零件,目标成本定为3 000元。01打分及计算结果如表4-3所示。

表4-3 01打分法示例

	A B C D E	得分	比重	评价值
A	× 1 1 0 1	3	0.3	900
B	0 × 1 0 1	2	0.2	600
C	0 0 × 0 1	1	0.1	300
D	1 1 1 × 1	4	0.4	1 200
E	0 0 0 0 ×	0	0	0
合计		10	1.00	3 000

表4-3中,D零件的功能系数为0.4,为最高,表明该功能最为重要,相应地分配的目标成本也最大,为1 200元。

C. 根据V=F/C公式计算功能的价值系数。计算功能评价值与功能成本的比值,得出价值系数。

一般来说,当价值系数等于1或近似等于1时,表明功能和成本基本相适应。当价值系数小于1时,表明成本对它所实现的功能来说过高,应降低成本,这个零件可选为价值分析的对象。当价值系数大于1时,表明这个零件功能高,而成本少,应检查这个零件的功能是否达到要求,若未能达到也应作为价值分析的对象。确定对象不能只看价值系数,如有的零件已确知其存在问题,即使其价值系数等于1,也同样要列入改进对象。因此,确定价值工程对象应从多方面考虑,将定量分析结果与定性分析结合起来,做出正确决断。

通过计算价值系数来确定价值分析对象的方法也称最适合区域法,是日本东京大学田中教授于1973年在美国价值工程学会的国际会议上提出来的。

【示例】某产品有9个零件,利用强制评分法求出功能系数,根据成本资料求出成本系数,进而求出价值系数,如表4-4所示。

表4-4 产品零件价值系数计算表

零件代号	F_i	C_i	$V_i = F_i/C_i$
A	0.16	0.07	2.29
B	0.14	0.18	0.78
C	0.09	0.07	1.29
D	0.07	0.12	0.58
E	0.06	0.01	6.00
F	0.16	0.36	0.44
G	0.08	0.04	2.00
H	0.04	0.01	4.00
I	0.20	0.14	1.43
合计	1.00	1.00	

图4.3是依据表4-4中的数据绘制的坐标图,两条曲线所夹的区域就是最合适区域,落在这一区域内的点所对应的功能或零件无须作为价值分析活动中的改进对象,而在此区域外的点所对应的功能或零件要作为价值分析活动中的重点改进对象。本例中,零件A、I、F和D就应选为重点对象。

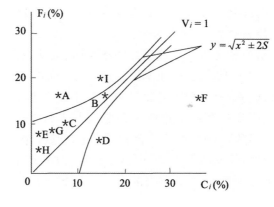

图4.3 最适合区域图

从图中还可以看出,最适合区域有一个重要特点:沿标准线($V_i=1$的线),越靠近坐标原点,区域范围越大;越远离原点,区域范围越小。这体现了价值系数相同,功能(或成本)系数大从严、小从宽的原则。

最适合区域是由双曲线 $x^2-y^2=\pm 2S$(S 是常数)所包含的区域,常数 S 选择的大小决定区域的大小,S 选择小,则价值分析活动所选中的对象就多,反之则少。企业可依据自身情况,确定适当的常数。

选定价值分析对象后,通过改进方案的创造、评价与实施,即可完成整个价值分析活动,从而实现产品与服务的改进,并取得满意的社会效益和经济效益。

三、作业分析

作业分析(Work Study)又称工作研究,是以提高工作效率为目的,研究合理的工作程序和有效的工作方法的一种管理技术。作业分析包括方法研究和时间研究。作业分析的途径是通过方法研究制定标准作业法,通过时间研究制定时间标准,然后用这些制定的标准去训练工人,改进作业。这种研究是循环进行的,从而可以不断地提高效率。

作业分析始于美国。19世纪末,当时的工厂管理仍凭传统经验办事,效率低、浪费大。F. W. 泰罗首先倡导科学管理,被称为"科学管理之父"。泰罗认为,工作程序、劳动节奏和疲劳因素对生产率影响很大,工人缺乏训练,没有正确的操作方法和合用的工具,这些都大大影响劳动生产力的提高。他首先采用科学方法对作业进行试验和研究,制定出能控制作业的程序和作业方法,并规定每项工作的劳动定额,同时制定了超过定额加发奖金的制度,这就是最著名的"泰罗科学管理"。

在此后的发展中,作业分析发展成为工业工程(IE)技术,并在今天的企业中得到广泛的运用。这里我们主要讨论现场管理中常见的动作分析和作业分析。

（一）动作分析

动作分析是将工人的操作要素分解为"动素"。动作分析常用的方法是拍摄动作轨迹影片，即将研究的操作拍成视频或影片，用慢速度放映，逐个分析双手各项基本动作。它的理论依据是，人体的动作有千万种，但细加分析，不外乎十几个基本动作。19世纪末叶，美国建筑工程师吉尔布雷斯把人体的基本动作分解为17项动素，它们是：寻找、选择、抓取、移动、夹持、定位、装配、使用、拆卸、检验、预定位、放手、空手移动、休息、计划、不可避免的延误、能避免的延误。

1. 动作分级

经过分析研究发现，每个动作的能量消耗和完成时间各有不同，运用动作经济原理研究改善，取消不必要的动素，合并一些动作，可以制定有效的操作方法。依据动作的速度和能量消耗，可以将人手的动作分级，如表4-5。

表4-5
手的动作分级

动作级别	动作内容
1	手指的动作
2	手指、手腕的动作
3	手指、手腕、前臂的动作
4	手指、手腕、前臂、后臂的动作
5	手指、手腕、前臂、后臂和肩的动作

1级的动作作业频率高而能量消耗少，5级的动作复杂，能量消耗高，动作频率低。在作业设计时，要尽可能地选用低等级动作，这样就可以提高效率。

2. 动作经济原理

动作经济原理是指实现动作经济和减轻疲劳的一些原则。该原理经许多专家的补充和发展，内容不断充实，归纳起来可以分为三个方面：人体动作的经济原则、作业区布置原则、工具与设备设计原则。

人体动作的经济原则包括：在作业设计时，尽可能采用低等级的动作；动作顺序安排适当；动作速度适当；动作距离要短；动作要适合于身体的部位；尽可能利用物体的动量，如惯性、重力等；双手动作尽可能同时开始，同时结束；动作要连贯、流畅，具有节奏感；将急剧转换方向的动作改为弹道运动（即连续曲线运动）；使用合适的工具；等等。

作业区布置原则包括：工具和材料放在固定的位置；固定位置尽可能在作业者的前面和附近；工具和材料按作业顺序排列；作业面的高度要适当；作业面照明要适当；利用"落料器"或"推进器"输送物品；减少作业人员"选择""搬运"等动作；等等。

工具与设备设计原则包括：尽可能把两个工具组合起来；利用手以外的身体部位来操作，例如脚踩式夹具；利用手指操作的机器应设计得按人的能力来分配手指负荷；机器的操作部件的位置应能使操作者尽可能少地变动地点和姿势，以最高的效率操作；等等。

（二）作业分析

在工厂生产现场，主要的作业有加工、搬运、存放、检验等，作业分析主要针对加工和搬运进行分析。检验和存放当然也很重要，但这两个作业可以归并到加工和搬运两个作业中。生产作业分析是对生产作业结构和影响作业的时间因素进行分析。分析的目的是研究合理的操作方法。

1. 生产作业分析

作业分析是针对某个工序的作业，将作业过程分解为操作要素，必要时将要素细分为动素。生产作业分析常采用双手操作图来分析手工作业，采用人机程序图来分析人机联合作业。

现举例说明运用人机程序图的方法。

某操作者使用一台机器加工零件，其现行方法及人和机器的利用率如图4.4所示。

人	时间（分）	机 器
准备零件	1	空 闲
装上零件	2 3	被装上零件
空 闲	4 5 6 7	加 工
卸下零件	8 9	被卸下零件
修整和存放零件	10	空 闲
60%	利用率	60%

图4.4　人机程序图（Ⅰ）

通过人机程序图分析,发现现行方法使人和机器都不能充分利用,利用率只有 60%。经过分析,对现行操作方法进行改进,改进后的人机程序图如图 4.5 所示。

人	时间（分）	机器
装上零件	- 1 -	被装上零件
修理和存放零件	- 2 - 3	加 工
准备下一零件	4 - 5	
卸下零件	- 6	被卸下零件
100%	利用率	100%

图 4.5 人机程序图（Ⅱ）

经过改进,人机利用率都提高到 100%。原操作方法加工一个零件需 10 分钟,一小时加工 6 个。现操作方法加工一个零件只需 6 分钟,一小时加工 10 个,生产效率比原来提高三分之二。

2. 搬运作业分析

搬运作业是工厂中重要的作业内容,有研究表明,搬运在生产过程中占据了大部分时间(含存放),对于搬运工作可以用搬运活性系数分析法。

搬运工作的时间可以分解为三段,即装、运、卸。装货时间与卸货时间与物品放置方式有关,也与运输的方式有关。而运货时间主要是与运货距离和运输方式有关；距离一定时,只与方式有关。

搬运活性系数是综合考虑了物品放置方式和运输方式,根据物品装、卸、运的难易程度设计的。搬运活性系数用数字 0、1、2、3、4 来表示搬运活性,系数小,表示物品活性低,搬运不方便；系数大,表示物品活性高,搬运方便。搬运活性系数如表 4-6 所示。

表 4-6 搬运活性系数

分类	活性系数	必须做的事项	事项的种类				说 明
			集中	抬起	起动	保持	
散放	0	4	√	√	√	√	散放于地面,须先集中
集中放	1	3	×	√	√	√	已集中装入容器或捆扎

续表

分类	活性系数	必须做的事项	事项的种类				说明
			集中	抬起	起动	保持	
有垫木	2	2	×	×	√	√	已集中好并放在垫木上,可用叉车运输
车内	3	1	×	×	×	√	已装在车内,一起动就可运走
移动中	4	0	×	×	×	×	用滑槽或传送带,放上即可运走

搬运活性系数分析法有两种:

(1) 平均搬运活性系数。这种方法是将工序流程分析中多个搬运工序的活性系数相加,求其平均值,根据平均值来研究改进方法。从总体的改进方向考虑,平均值如小于 0.5,可采用容器集中,手推车运输;平均值在 0.5~1.3 之间,应完全使用手推车或叉车等动力搬运车运输;平均值在 1.3~2.3 之间,应考虑用传送带或滑槽等运输。总之,应尽可能提高搬运活性系数。

(2) 搬运活性系数图表分析。这种方法是把工序流程中各个搬运工序的状态按顺序绘成图表,把图上的最低点和前后不平衡作为改进对象,从而提高搬运活性系数。图表分析如图 4.5 所示。

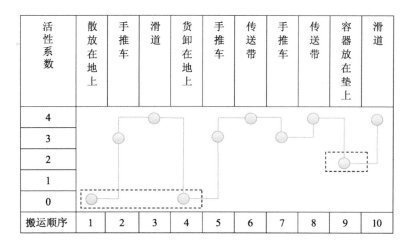

图 4.5 搬运活性系数分析图

图 4.5 中虚线部分的点作为改进对象。

(三)作业研究的创新方法

作业研究的指导思想是创新,在分析问题、寻求改善的新方法以及提出新的改善方案时可以运用"完善、取消、整合、改变、简化、自动化"六种方法。

(1)完善——主要是预防可能的错误,通过标准化、强调作业的侧重点和错误防范等方式减少失误,提高流程运作质量。

(2)取消——对所研究的工作,首先要考虑取消的可能性。如果所研究的工序、操作可以取消的话,就是一个大改善,例如不必要的工序、不必要的搬运、不必要的检验等。如果不能全部取消,就考虑部分取消。

(3)合并——当生产过程被划分为许多工序后,由于工序之间生产能力的不平衡,出现忙闲不均时可以考虑合并调整。

(4)改变——通过改变工作程序,改变地点、时间或人员等达到改善工作的目的。

(5)简化——在经过取消、合并、改变之后,再对该项工作进行深入的分析,使方法和动作尽量简化,使新的工作方法效率更高。

(6)在前面五项改善的基础上,对脏活、累活、危险活、枯燥作业、数据收集/采集/分析等活动进行自动化处理,以提高运作效率和工作质量。

四、价值流图分析

在合理化建议活动中,除了对作业动作和岗位操作的分析研究外,需要对跨越部门或企业的产品流程进行分析。随着全球供应链的发展,越来越多的改善空间来自于供应链,也就是产品的整个流程,因而,产品与服务的全流程价值分析越来越得到企业管理者的重视和研究,SIPOC分析和价值流图分析是其中的两个工具。

(一)SIPOC模型

SIPOC模型是质量大师戴明提出来的组织系统模型,是一项最有用而且最常用的，用于流程管理和改进的技术，被作为识别核心过程的首选方法。

SIPOC 中 5 个字母分别代表 Supplier(供应者)、Input(输入)、Process(过程)、Output(输出)、Client(客户)。戴明认为任何一个组织都是一个由供应者、输入、过程、输出和客户这样相互关联、互动的 5 个部分组成的系统，因而把此系统称作 SIPOC 组织系统模型。

(1) 供应商(Supplier)——向核心流程提供关键信息、材料或其他资源的组织。之所以强调"关键"，是因为一个公司的许多流程都可能会有为数众多的供应商，但对价值创造起重要作用的只是那些提供关键资源的供应商。

(2) 输入(Input)——供应商提供的资源等。通常会在 SIPOC 图中对输入的要求予以明确，例如输入的某种材料必须满足的标准，输入的某种信息必须满足的要素等。

(3) 过程(Process)——使输入发生变化成为输出的一组活动，组织追求通过这个过程使输入增加价值。

(4) 输出(Output)——流程的结果，即产品。通常会在 SIPOC 图中对输出的要求予以明确，例如产品标准或服务标准。输出也可能是多样的，但分析核心流程时必须强调主要输出，有时甚至只选择一种输出，判断依据就是哪种输出可以为顾客创造价值。

(5) 客户(Client)——接受输出的人、组织或流程，不仅指外部顾客，而且包括内部顾客，例如材料供应流程的内部顾客就是生产部门，生产部门的内部顾客就是营销部门。对于一个具体的组织而言，外部顾客往往是相同的。

通过 SIPOC 图可以透视企业的整个运作过程，有助于企业经营者克服部门思维，围绕顾客需求与企业目标进行改善活动，做到事半功倍。

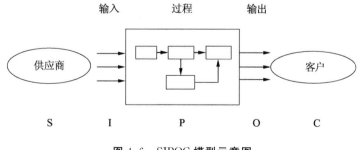

图 4.6　SIPOC 模型示意图

在实际工作中,企业可以对每一个过程画出具体的流程图,并对流程图中的每一项内容进行分析,寻找流程改善的空间。表 4-7 是某企业设计与开发流程的 SIPOC 图例。

表 4-7 设计与开发流程的 SIPOC 图例

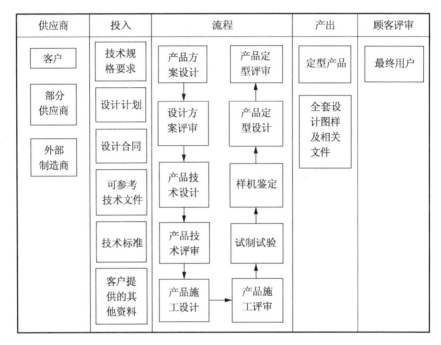

在流程图中需要确认流程的供给和投入,主要包括以下方面:流程的起始点在何处,何时、以什么行动开始?有哪些关键物料、信息、产品提供给流程?流程进行时哪些资源是绝对重要的?它们在流程中是否被消耗或使用?谁提供这些投入?谁是流程产出的真正需要者?谁在使用这个过程的产品与服务?其价值如何?

SIPOC 系统模型作为一种思想方法,对于一个组织来讲其指导意义就在于,它将过去一直被人们当作组织以外的部分(即客户和供应商)与组织主体部分放在一起,作为一个整体来研究;同时 SIPOC 系统特别强调系统的目标与系统的密不可分。实际上,没有恒久而明确的目标,就无从开始来设计一个组织。SIPOC 模型的功效在于:

(1) 能展示出一组跨越职能部门界限的活动;

(2) 不论一个组织的规模有多大,SIPOC 图都可以用一个框架来勾勒其业务流程;

(3) 有助于保持"全景"视角。

(二) 价值流图分析(VSM)

价值流图(Value Stream Mapping, VSM)是流程分析工具发展的最新成果之一,是丰田精实制造生产系统框架下的一种用来描述物流和信息流的形象化工具。它运用精实制造的工具和技术来帮助企业理解和精简生产流程。绘制价值流图的目的是为了辨识和减少生产过程中的浪费。"浪费"在这里被定义为不能够为终端产品提供增值的任何活动,并经常用于说明生产过程中所减少的"浪费"总量。VSM可以作为管理人员、工程师、生产制造人员、流程规划人员、供应商以及顾客发现浪费、寻找浪费根源的起点。从这点来说,VSM还是一项沟通工具。

1. 流程中的增值与非增值活动

增值活动是直接为顾客创造价值的活动,即生产顾客需要的产品,提供顾客需要的服务。例如:生产线上的组装过程、机械加工过程,医生给病人看病等。非增值活动包括必要但非增值的活动和不必要的非增值活动(即浪费)两种。必要但非增值的活动多数发生于支援部门的非增值行为,有些是必要的,但更多的是看似必要。例如:设备维护,来料/制品/成品的检验,由于变更导致的额外工作——产品/工艺设计更改、计划变更、人员流动,繁杂的审批过程,冗长的会议等。

价值流图分析关注的八大浪费包括:不良/修理的浪费、过分加工的浪费、动作的浪费、搬运的浪费、库存的浪费、制造过多/过早的浪费、等待的浪费以及潜能未发挥的浪费。这些浪费都是与精益生产方式相违背的。八大浪费并不是在VSM出现之后提出的,以丰田为代表的企业早在20世纪60年代就提出了这一概念。其中,潜能未发挥的浪费直到20世纪90年代才真正得到人们的重视。

统计研究发现,增值活动约占企业生产和经营活动的5%,必要但非增值活动约占60%,其余35%为浪费。换言之,顾客只愿意冲着那5%的增值掏腰包。试图把其余的成本加进产品或服务的价格中,就有可能超过顾客对该产品或服务的价值的期望。因此,在顾客对价值的认同下,企业应加大力度消灭浪费,降低成本,以赢取更高的边际利润。在精益生产管理中,判别和消灭浪费的一个有效工具就是价值流图分析。

2. 当前状态图与未来状态图

价值流图(VSM)分析的是两个流程:第一个是信息(情报)流程,即从市场部接到客户订单或市场部预测客户的需求开始,到使之变成采购计划和生产计划的过程;第二个是实物流程,即从供应商供应原材料入库开始,随后出库制造、成品入库、产品出库,直至产品送达客户手中的过程。此外,实物流程中还包括产品的检验、停放等环节。

企业在进行价值流图(VSM)分析时,首先要挑选出典型的产品作为深入调查分析的对象,从而绘制出信息(情报)流程和实物流程的现状图,然后将现状图与信息(情报)流程和实物流程的理想状况图相比较,以发现当前组织生产过程中存在的问题点,进而针对问题点提出改进措施。VSM 分析通常包括对"当前状态"和"未来状态"两个状态的描摹。

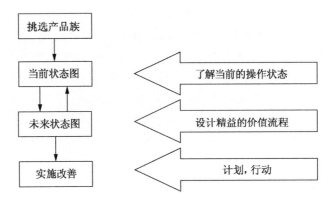

图 4.7　价值流管理流程

有了"当前状态图",管理人员一般都能比较容易地判别和确定浪费所在及其原因,为消灭浪费和持续改善提供目标。"未来状态图"是以精益思想为指导,按照企业的实际情况,为未来的运作模式指明方向,设计新的精益流程。所谓"未来状态",也仅仅是基于当前的技术和认知水平,在一定时间内可以达到的较为理想的目标。随着人们技术和认知水平的提高,原来的目标又变得不理想了,人们又会进入一个更高层次的改善循环。

3. 价值流图示例

对一个产品来说,以下两条主要流动路径是至关重要的:一是从原材料到产品送达顾客手中的生产流程;二是从概念到正式发布的产品设计流程。价值流就是使一个产品通过这些主要流程所需要的全部活动,包括增值活动、必要但非增值的活动和不必要的非增值活动(即浪费)三类。

价值流图是一种将工作图示化的工具,它有助于观察和理解产品通过价值流过程时的物料流动和信息流动,以及其中的增值和非增值活动,从而发现浪费和确定需要改善的地方,为改善活动定下一个蓝图和方向;同时也便于员工了解企业的状态,提供参与改善的机会。典型的价值流图如图 4.8 所示。

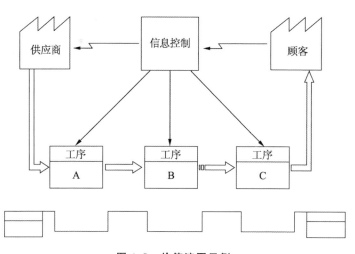

图 4.8　价值流图示例

在价值流分析中,有一套约定俗成的符号供绘制价值流图之用,使用者只要经常运用,就能轻易掌握,这些符号如表 4-8 所示。

表 4-8　价值流图中的基本符号

符号							
含义	供应商/客户	生产过程	库存	手机通信	电子通信		作业人员
符号							
含义	货车运送	准备物料	送产品到客户	先进先出	改善标志		提取物料
符号							
含义	超市	储存/领用	生产看板	提取看板	信号看板		看板收集处

价值流图分析法一般先对运作过程的现状进行分析,即绘制所谓"当前状态图"。从顾客一端开始,首先要了解顾客的需求情况及需求节拍(Takt),因为Takt决定了生产各个工序的节拍。生产节拍不能满足Takt的要求,就有可能导致过量生产或停顿、生产不足或延迟,这些都是浪费。延迟发货还会导致顾客的不满意,造成进一步的信誉损失。然后研究运作流程中的每一道工序,从下游追溯到上游,直至供应商。分析每道工序的增值和非增值活动,包括准备、加工、换型、库存、物料转移方法、质量状况、停机次数、班次、人数等等,记录对应的时间。接着要了解和分析物流信息的传递方法和路径,包括顾客到工厂、工厂到供应商、生产物料计划到各工序的信息传递情况,以及生产计划是如何下达的。最后,有了上面的资料,就可以计算出整个运作过程的生产周期以及相应的增值时间。通常,人们会发现改善之前增值时间只占生产周期的很小比例。

4. 价值流管理

应用价值流图分析企业生产流程,意味着要从全盘看待问题,而不是集中于某个单独的过程;意味着将改变整体,而不仅仅是优化某个部分。价值流图分析可以是针对企业内部(又称"四堵墙以内")的活动进行分析和改善,也可以针对"四堵墙以外",即从供应商出货起到顾客收货为止的整个价值流进行分析和改善。

鉴于此,在精益生产中提出了"价值流管理"的模式。这种管理模式彻底打破了大量生产模式下的功能割据,由"价值流团队"对产品从供应商到顾客的整个过程进行管理,实现对运作过程的系统而有效的控制,从而提高满足顾客需求的能力及反应速度。价值流经理由直接向最高管理者汇报的管理人员担任,享有改革的充分授权和自主权。价值流经理组建由跨部门成员组成的价值流团队,以顾客为导向选定产品族,并跟随其生产路径,从头到尾分析和描绘每一道工序的状态以及工序间的物流、信息流和价值流,即"当前状态图"。找出需要改善的地方,再描绘一个"未来状态图",显示价值流改善的方向和结果。在此基础上,团队决定改善的计划和行动。整个价值流实行全成本核算,价值流经理对整个产品族的流程、资源配置及成本运作担负着主要领导、协调和控制的责任。

五、常用统计分析

统计分析是指对收集到的有关数据资料进行整理归类并进行解释的过程。20世纪二三十年代开始,统计分析方法首先在美国企业中得到应用,第二次世界大战以后,日本企业通过引进统计分析方法,并结合日本文化,创造性地开展了全面质量管理活动,经过一段时间的努力,使日本企业的产品质量水平达到了世界级水平。20世纪80年代以后,世界许多大公司纷纷在自己内部积极推广应用统计分析方法,在ISO9000等质量管理体系中也明确要求企业采用统计分析方法。

统计分析方法是企业生产过程中发现问题、分析问题、解决问题最常见的方法和工具。在合理化建议活动及提案改善活动中,有10%~20%的改进活动需要使用统计工具。专家学者开发了大量的统计分析方法和工具(如质量管理的老七种工具和新七种工具等),市场上还有Minitab等质量管理统计软件。下面就常用的排列图、因果图、直方图、控制图等工具的基本原理作一简单介绍。

(一)排列图

排列图是找出影响产品质量的主要因素的图表工具。它是由意大利经济学家帕累托(Pareto)提出的。帕累托发现人类经济领域中"少数人占有社会上的大部分财富,而绝大多数人处于贫困状况"的现象是一种相当普遍的社会现象,即所谓"关键的少数与次要的多数"原理。美国质量管理学家朱兰(Juran)把这个原理应用到质量管理中来,成为在质量管理中发现主要质量问题和确定质量改进方向的有力工具。

由于管理力量是有限的,不可能一次性解决所有的品质不良问题,实际上完全解决也是不经济的,因而可以在现场众多的品质问题中,找出关键的少数几项作为今后工作的重点,排列图便是这样一个直观的工具。

1. 排列图的画法

排列图制作可分为五步：

(1) 确定分析的对象。

排列图一般用来分析产品或零件的废品件数(或吨数)、损失金额、消耗工时及不合格项数等。

(2) 确定问题分类的项目。

可按废品项目、缺陷项目、零件项目、不同操作者等进行分类。

(3) 收集与整理数据。

列表汇总每个项目发生的数量，即频数 f_i。项目按发生的数量大小，由大到小排列。最后一项是无法进一步细分或明确划分的项目，统一称为"其他"。

(4) 计算频数 f_i、频率 P_i 和累计频率 F_i。

首先统计频数 f_i，然后按(1)、(2)式分别计算频率 P_i 和累计频率 F_i。

$$P_i = \frac{f_i}{f} \tag{1}$$

式中，f 为各项目发生频数之和。

$$F_i = P_1 + P_2 + \cdots + P_i = \sum_{i=1}^{i} P_t \tag{2}$$

(5) 画排列图。

排列图由两个纵坐标、一个横坐标、几个顺序排列的矩形和一条累计频率折线组成。如图 4.9 所示为一排列图实例。另外，可以使用 Minitab 软件来制作排列图。

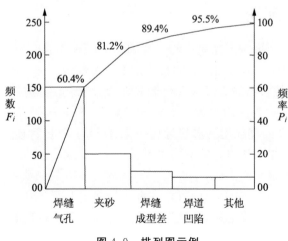

图 4.9　排列图示例

2. 排列图用途

(1) 确定主要因素、有影响因素和次要因素。

根据排列图可以确定质量问题的主要因素、有影响因素和次要因素：累计频率 F_i 在 0～80% 的若干因素是影响产品质量的主要因素，如图中焊缝气孔和夹砂，主要因素个数一般为 1～2 个，最多不超过 3 个；累计频率 F_i 在 80%～95% 的若干因素，它们对产品质量有一定影响，称为有影响因素；累计频率 F_i 在 95%～100% 的若干因素，其对产品质量仅有轻微影响，称为次要因素。

(2) 抓主要因素解决质量问题。

将质量影响因素分类之后，重点针对 1～2 项主要因素进行改进提高，以解决质量问题。实践证明，集中精力将主要因素的影响减少比消灭次要因素更加有效。

(3) 检查质量改进措施的效果。

采取改进措施后，为了检验其效果，可用排列图来检查。若改进后的排列图中横坐标上因素频数矩形高度有明显降低，则说明确有效果。

（二）因果图

在找出质量问题以后，为分析产生质量问题的原因，以确定因果关系的图表称为因果图。由于该图最早由日本质量管理专家石川馨提出，因而也称石川图。因果图由质量问题和影响因素两部分组成，图中主干箭头所指的为质量问题，主干上的大枝表示主要原因，中枝、小枝、细枝表示原因的依次展开。

1. 因果图的画法

(1) 确定待分析的质量问题，将其写在图右侧的方框内，画出主干，箭头指向右端，见图 4.10。

(2) 确定该问题中影响因素的分类方法。对于工序质量问题，一般常按其影响因素人(Man)、设备(Machine)、原材料(Material)、方法(Method)、测量(Measurement)、环境(Environment)等进行分类，简称为 5M1E。由于现代信息技术的发展，人们对信息的重要性认识逐步增强，因而，也有学者将测量因素改为信息(Message)因素。对应每一类原因画出大枝，箭头方向从左到右斜指向主干，并在箭头尾端写上原因分类项目，见图 4.10。

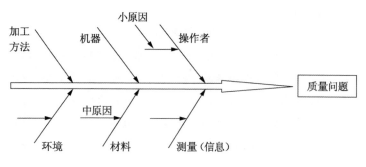

图 4.10　因果图示例

(3) 将各分类项目分别展开,每个大枝上分出若干中枝,表示各项目中造成质量问题的一个原因。中枝平行于主干箭头指向大枝。

(4) 将中枝进一步展开成小枝。小枝是造成中枝的原因,依次展开,直至细到能采取措施为止。

(5) 找出主要原因,画上方框,作为质量改进的重点。

2. 因果图的用途

(1) 利用因果图,可以根据质量问题逆向追溯产生原因,由粗到细找出产生质量问题的各个层次、各种各样的原因,以及各原因的传递关系。

(2) 因果图可明确原因的影响大小和主次,通过抽丝剥茧,找到影响质量的具体因素,从而可以作为制定质量改进措施的指导依据。

(三) 直方图

直方图适用于对大量计量值数据进行整理加工,以便找出其统计规律,即分析数据分布的形态,以便对其总体分布特征进行推断。直方图的主要图形为直角坐标系中若干顺序排列的矩形。各矩形底边相等,为数据区间。矩形的高为数据落入各相应区间的频数。

1. 直方图法的含义

直方图又称质量分布图,是一种几何形图表,它是根据从生产过程中收集来的质量数据分布情况,画成以组距为底边、以频数为高度的一系列连接起来的直方型矩形图。

作直方图的目的就是通过观察图的形状,判断生产过程是否稳定,预测生产过程的质量。具体来说,作直方图的目的有:

(1) 判断一批已加工完毕的产品的质量。

(2) 验证工序的稳定性。

(3) 为计算工序能力搜集有关数据。

2. 直方图的绘制方法

(1) 集中和记录数据,求出其最大值和最小值。数据的数量应在 100 个以上,在数量不多的情况下,至少也应在 50 个以上。

(2) 将数据分成若干组,并做好记号。分组的数量在 6～20 之间较为适宜。

(3) 计算组距的宽度。用组数去除最大值和最小值之差,求出组距的宽度。

(4) 计算各组的界限位。各组的界限位可以从第一组开始依次计算,第一组的下界限位为最小值减去半个测量单位,第一组的上界限位为其下界限值加上组距。第二组的下界限位为第一组的上界限值,第二组的下界限值加上组距,就是第二组的上界限位,依此类推。

(5) 统计各组数据出现频数,作频数分布表。

(6) 作直方图。以组距为底长,以频数为高,作各组的矩形图。

3. 直方图的用途

作直方图的目的是为了研究产品质量的分布状况,据此判断生产过程是否处在正常状态。因此在画出直方图后要进一步对它进行观察和分析。在正常生产条件下,如果所得到的直方图不是标准形状,或者虽是标准形状,但其分布范围不合理,就要分析其原因,采取相应措施。

(1) 通过直方图判断生产过程是否有异常。对直方图有些参差不齐不必太注意,主要应着眼于图形的整个形状。常见的直方图分布图形大体上有六种,如图 4.11 所示。

图 4.11 直方图分布示意图

① 正态直方图：理想的图形；
② 锯齿形：多是因为测量和读数有问题或是数据分组不当所引起的；
③ 平顶型：多是因加工习惯造成的；
④ 离岛型：多是加工条件的变动造成的；
⑤ 双峰型：多是两种不同生产条件的数据混在一起造成的；
⑥ 偏态型：多是由于生产过程中某种缓慢的倾向起作用所至。

(2) 运用直方图判断工序能力。将直方图与公差范围相比较，看直方图是否都落在公差要求的范围之内，可以判断工艺过程能力，如果在公差范围内，且有少许余量，表明工序能力正常，否则就是异常。相应的工序能力计算可以参考其他相关资料。

借助直方图可以非常方便地观察产品质量状况，并以此抓住引发质量问题的方向与重点，从而对现有工艺进行改进与改善，使产品质量处于稳定状态。

（四）控制图

控制图是对生产过程或服务过程质量加以测定、记录，从而进行控制管理的一种图形方法。图 4.12 所示为一控制图图例。图上有中心线 CL、上控制界限 UCL 和下控制界限 LCL，并有按时间顺序抽取的样本统计量数值的描点序列。

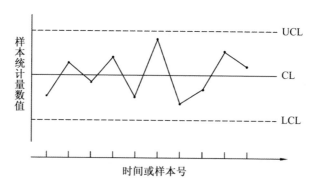

图 4.12　控制图示例

统计过程控制(SPC)作为统计质量控制(SQC)的核心技术受到普遍的重视。一般认为，SPC 是实现以预测为主的质量控制的有效手段。控制图所以能获得广泛应用，主要是由于它能起到下列作用：

(1) 贯彻预防为主的原则。应用控制图有助于保持过程处于控制状态,从而起到保证质量、防患于未然的作用。

(2) 改进生产率。应用控制图可以减少废品和返工,从而提高生产率、降低成本和增加生产能力。

(3) 防止不必要的过程调整。控制图可用以区分质量的偶然波动与异常波动,从而使操作者减少不必要的过程调整。

(4) 提供有关工序能力的信息。控制图可以提供重要的过程参数数据以及它们的时间稳定性,这些对于产品设计和过程设计都是十分重要的。

正常情况下点子分布是正态的,落在控制界限之内的概率远大于落在控制界限之外的概率。反之,若点子落在控制界限之外,可能是属于正常情况下的小概率事件发生,也可能是过程异常发生,相对来讲,后者发生的概率要大得多。因此,我们宁可认为是后者情况发生,这正是控制图的统计学原理。

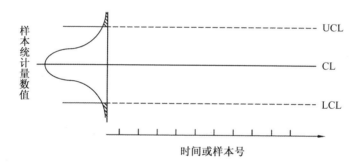

图 4.13　控制图原理图

点子落在控制界限之内是否一定处于稳态?点子落在控制界线之外是否一定出现异常?这两个问题的回答都是否定的。更为科学的判断方法是,根据概率统计方法对过程进行定量分析,精确计算出状态的概率值之后再进行过程状态判断。

统计过程控制根据反馈信息及时发现系统性因素出现的征兆,并采取措施消除其影响,使过程维持在仅受随机性因素影响的受控状态,以达到控制质量的目的。当过程仅受随机因素影响时,过程处于统计控制状态(简称受控状态);当过程中存在系统因素的影响时,过程处于统计失控状态(简称失控状态)。由于过程波动具有统计规律性,当过程受控时,过程特性一般服从稳定的随机分布;当过程失控时,过程分布将发生改变。SPC 正是利用过程波动的统计规律性对过程进行分析控制的,因而,它强调过程在受控和有能力的状态下运行,从而使产品和服务稳定地满足顾客的要求。

用控制图识别生产过程的状态,主要是根据样本数据形成的样本点位置以及变化趋势进行分析和判断。失控状态分为两种类型:

(1) 样本点超出控制界限。

(2) 样本点在控制界限内,但排列异常。当数据点超越管理界限时,一般认为生产过程存在异常现象,此时就应该追究原因,并采取对策。排列异常主要指出现以下几种情况:

① 连续七个以上的点全部偏离中心线上方或下方,这时应查看生产条件是否出现了变化。

② 连续三个点中的两个点进入管理界限的附近区域(指从中心线开始到管理界限的三分之二以上的区域),这时应注意生产的波动度是否过大。

③ 点相继出现向上或向下的趋势,表明工序特性在向上或向下发生着变化。

④ 点的排列状态呈周期性变化,这时可对作业时间进行层次处理,重新制作控制图,以便找出问题的原因。

控制图对异常现象的揭示能力,会根据数据分组时各组数据的多少、样本的收集方法、层别的划分不同而不同。因而不应仅仅满足于对一份控制图的使用,而应变换各种各样的数据收集方法和使用方法,制作出各种类型的图表,这样才能收到更好的效果。

值得注意的是,如果发现了超越管理界限的异常现象,却不去努力追究原因,采取对策,那么尽管控制图的效用很好,也只不过是废纸一张。

经过70多年在世界范围的实践,SPC理论已经发展得非常完善,其与计算机技术的结合日益紧密,其在企业内的应用范围已经非常广泛,应用程度也相当深入。概括来讲,SPC的发展呈现如下特点:

(1) 分析功能强大,辅助决策作用明显。在众多企业的实践基础上发展出繁多的统计方法和分析工具,应用这些方法和工具可根据不同目的、从不同角度对数据进行深入的研究与分析,在这一过程中SPC的辅助决策功能越来越得到强化。

(2) 体现全面质量管理思想。随着全面质量管理思想的普及,SPC在企业产品质量管理上的应用也逐渐从生产制造过程的质量控制扩展到产品设计、辅助生产过程、售后服务及产品使用等各个环节的质量控制,强调全过程的预防与控制。

(3) 与计算机网络技术紧密结合。现代企业质量管理要求将企业内外更多的因素纳入考察监控范围,企业内部不同部门管理职能同时呈现出分工越来越细与合作越来越紧密两个特点,这些都要求快速处理不同来源的数据并做到最大程度的资源共享。为适应这种需要,SPC 与计算机技术尤其是网络技术的结合越来越紧密。

以上是企业现场改善中常用的几种统计分析方法,各种方法可以单独使用,也可以综合使用。如何结合企业生产实际情况,选择一种或几种合适的方法,以达到预期的控制效果,仍需要企业现场员工与技术人员在实践中不断摸索并总结经验。需要补充说明的是,企业中改善的方法很多,上面提到的方法只是众多方法的一小部分,另外有些方法对知识要求较高,可能更适合于工程技术人员和专家使用,这些方法我们在此就不再列出了。

CHAPTER 5

创新与问题解决方法

一、中国传统创新思维与方法

创新的实践孕育创新的方法,而创新的方法又是创新的钥匙和有效工具。方法作为"点石成金"之术,很早便引起人们的重视。中国古语有"工欲善其事,必先利其器"的说法。中国人自古崇尚创新,在过去几千年的创新实践中,提出并使用了一些极富创新意蕴的方法。但与现代创新方法相比,中国传统的创新方法更注重一般性的归纳,即"道"的总结,而对具体方法,即"术"的记述则相对简略,往往强调具体问题具体解决。不过,回顾一下中国传统的一些创新方法对今日的创新仍是有价值和启示意义的。

(一) 温故知新

孔子说:"温故而知新,可以为师矣。"(《论语·为政》)用今天的话来说就是:温习学过的知识进而又能从中获得新的理解与体会,就可凭此做老师了。

对"温故而知新"大致有三种理解:一为"温故才知新",温习已学过的知识,并且从中获得新的领悟;二为"温故及知新",一方面要温习典章故事,另一方面又要努力撷取新的知识;三为"温故,知新",随着自己阅历的丰富和理解能力的提高,回头再看以前看过的知识,总能从中体会到更多新的东西。

从上面三个理解中不难看出:学习是创新的起点,通过知识的学习,并在学习中积极思考,可以扩大知识的范围或将知识进一步深化,发现和克服旧知识的局限,从已知走向未知,得到新知识。

如何来实现"知识创新"呢?孔子提出了实现这一目标的方法:

(1) 对话与讨论。首先是坐而论道。《论语》一书中大量记录了孔子与其弟子的对话,孔子是在与学生的探讨当中表达自己的思想。我们在《论语》中能够感受到对话的力量。对话和讨论犹如今天的脑力激荡法,是知识创新的有效方法之一,也是现代运用最广泛的方法之一。

(2) 学习与思考。"学而不思则罔,思而不学则殆"说的是光学习不知道思考,就迷惑不解,光思考却不去学习,就什么都学不到,这里涉及学习与思考的关系;"学而时习之,不亦说乎?"说的是学习的态度;"吾日三省吾身"说的是学习的方法。

"学而时习之"是"知新"的前提与基础,追求创新不能脱离"温故"。对未知知识的获取,必须以已知知识为基础,即创新是从既有知识的边界开始的探索。有的人在一个领域不知如何创新,多半是缘于他对这个领域的一知半解。只有充分了解所要研究领域的发展脉络,熟悉产生的背景、发展过程和前沿信息,才有可能找出其中的问题,发现里面隐藏的"闪光点",获得创新的机遇。创新需要克服浮躁和急功近利,要对现有知识成果有深入的把握,才能有提出问题和发现潜在价值的洞察力。当然,学习与思考是不能决然分开的。任何学习的过程中都包含着思考,而任何的思考又是对学习的扩充,内省是知识学习中自我提高的必由之路。

(3) 标杆学习。"三人行,必有我师焉;择其善者而从之,其不善者而改之"说的是学习的途径:向身边的优秀者学习,学习他们的成功经验,吸取他们失败的教训。标杆学习在当代企业创新中非常普遍,如我国互联网企业中的腾讯公司便是标杆学习创新的最忠实的实践者。

(二) 举一反三

"举一隅,不以三隅反,则不复也。"(《论语·述而》)意思是说:"我举出一个方面,你们应该要能灵活地推想到另外几个方面,如果不能的话,我也不会再教你们了。"实际上孔子是要人们积极开动脑筋,广泛联想和推理,由此及彼,从一件事情类推而知道其他事情,做到"闻一以知二""闻一以知十"。后来,人们就从孔子说的这段话提炼出了"举一反三"这句成语。

举一反三作为一种学习和认识的方法具有创新的价值。人们要提高自身的学习效果和获得多方面的知识,就需要懂得举一反三,触类旁通。举一反三是一种联想式、发散式、类比式的思维方法。这种思维方法将人类某一方面的研究成果转移和扩散到其他方面,能让人的思想像细胞分裂似的由此及彼,不断创造新颖的东西。造纸术被誉为中国古代的"四大发明"之一,它就是中国古人举一反三,将丝加工技术应用于加工植物纤维而发明出来的。

举一反三的类比思维种类很多,有仿生类比、拟人类比、直接类比、因果类比、综合类比等。

（1）仿生类比。即在进行创新活动中，将生物的某些特性运用到创造发明中。例如"五禽戏"的发明。

（2）拟人类比。使创造对象"拟人化"。例如机械和工具的发明，许多地方都是拟人化的。

（3）直接类比。从自然界或人类已有的成果中寻找与创造对象类似的东西。例如依据鸟的飞行状态，发明风筝。

（4）因果类比。根据一个事物的因果关系，推出另一个事物的因果关系。例如杠杆原理与秤的发明。

（5）综合类比。事物属性之间关系虽然复杂，但可以综合它们相似的特征进行类比。例如石拱桥的发明，鸟巢与斗拱结构。

运用举一反三法进行创新，首先必须学会"举一"。举一反三的"一"就是激发创新的原型和兴奋点；"反三"是通过联想，创造性地进行迁移、推广，巧妙地给出新的办法和设计，以解决其他方面的问题。

（三）直觉与顿悟

与注重逻辑思维的现代人不同，古代中国先哲似乎更倾心于直觉。道家认为，"道"是世界的本体，但"道"既非感官所能感知，也非语言所能表达，无法用常规的认知方式来获得，而只能依靠直觉领悟。老子说，"致虚极，守静笃"才能把握道。而中国化的佛教——禅宗（南朝由达摩传入中国）则更是注重直觉，倡导"明心见性""不立文字""顿悟成佛"。

直觉是人的一种超越一般的认识程序，瞬间直接洞察和把握事情的本质，迅速做出判断的思维活动过程。它包括灵感、启示，以及突然的、预见不到的顿悟等，是人类最富有创造性的思维方法，就如我们通常说的"出神入化"。如阿基米德在浴缸中发现浮力就有"踏破铁鞋无觅处，得来全不费工夫"之妙。

人类有相当多的重要发明、发现以及文学艺术的创新得益于直觉。20世纪最伟大的科学家爱因斯坦的狭义相对论是从直觉中捕捉到的，他对直觉的创新作用有深切的体会："真正可贵的因素是直觉。"也有学者指出，严格地说，不存在"科学发现的逻辑"，科学创造的道路首先是直觉而不是逻辑。直觉具有极强的创新功能，蕴藏着创新的非凡潜力，东方文化中非常注重直觉在创新中的作用，今天我们仍要善于利用直觉。

顿悟并非想入非非或白日做梦,它是一个长期思考的过程,顿悟是发明创造中的升华环节。思考的过程越长越深入,转变的冲击也就越强。顿悟还需要有一个触发的情景,在学习与思考的过程中,要创造一个相应的环境,以助于激发顿悟的感觉。另外,顿悟完全是一种个人的体念,与个人的领悟力有紧密的联系,因而,顿悟在个体创新中起非常大的作用。

(四)逆向思维

所谓的创新,90%以上都是来自与众不同的思维方式,只有不足10%来自纯粹意义上的科技发明。苹果公司之所以能战胜移动通信行业的几个强大对手,靠的就是思维方式的创新。假如移动通信仅仅是为了改善生活质量(如通话功能),那么,我们会选择诺基亚而不是iPhone。虽然我们几乎说不清楚,究竟是移动互联网成就了iPhone,还是iPhone迎合了移动互联网,但有一个事实就是:iPhone确实改变了我们的生活方式——使得我们可以不受时间、地点限制,通过手机上网。再譬如,乔布斯(1955—2011年,美国苹果公司联合创办人)是如何发明iPad的?它首先来自于乔布斯对于键盘的切齿痛恨!虽然人人习惯于键盘,但乔布斯却对键盘产生极度的厌恶:"这个该死的键盘,硬是不能让我把电脑装进兜里!"于是,他把一台笔记本电脑一切为二,丢弃了键盘部分,从此有了"平板电脑"这一称呼!

逆向思维是一种与常规思维不同,从反方向提出问题、分析问题、解决问题的思想方法。传统国人崇尚智慧,富有智慧,他们在面对问题时,思维开阔、灵活,往往能够跳出特定的"思维定式",独辟蹊径,出奇制胜,其中最重要的一点是善于运用逆向思维。

老子是中国智慧的重要象征,他精于逆向思维。这从他"柔弱胜刚强""谦下不先""欲取姑予"等一系列主张中可以看出。老子曾以江海为喻,说:"江海所以能为百谷王者,以其善下之,故能为百谷王。"老子还讲过这样一段耐人寻味的话:"将欲歙之,必固张之;将欲弱之,必固强之;将欲废之,必固兴之;将欲夺之,必固与之。"这更是逆向思维方法的巧妙运用。

老子思维的特点是逆向思考,重视对立面的作用。在他看来,要实现某种正面的目的,可以从反面做起,以反求正。从反面入手,以反求正,运用与常人、常规相反的方法,就可以取得很好的、意想不到的正面效果。

今天仍被人们津津乐道的司马光砸缸的故事,是古人巧用逆向思维的典型案例。有人落水,人们常规的思路是"救人离水"。少年司马光的机智和聪明在于,他意识到自己不能爬进水缸救人,于是就改变常规思维,用砸水缸、让水流走的办法来救小伙伴。

同样,发电机的发明也是逆向思维运用的成功范例。英国科学家法拉第从电产生磁效应得到启发,他反问自己,能不能磁产生电?在这个逆向思维的指导下,他经过10年的艰苦探索,终于发现了电磁感应定律。1886年,德国工程师西门子运用电磁感应定律成功地制造了自激磁场式发电机。

(五) 易思维

《周易》历经数千年之沧桑,是中华文化的源头活水。《周易》发端于我国神话时代的伏羲氏,在春秋战国时代得到进一步完善,是我国先人的集体创作,中华民族智慧的结晶。《周易》里的思想已经渗透到中国人生活的方方面面,成为我们民族的文化基因,以至于我们"日用而不知"(《易传》)。今天,当我们说"某某人阴阳怪气""某某人又变卦了"或者"扭转乾坤""否极泰来"之类的口语和成语时,不一定知道这些词汇都来自于《周易》。

《周易》的内容极其丰富,对中国几千年来的政治、经济、文化、科技等各个领域都产生了极其深刻的影响。无论是孔孟之道、老庄学说,还是《孙子兵法》,抑或是《黄帝内经》,无不和《周易》有着密切的联系。"易"是一种思维模型,它以结构性的阴阳五行八卦图式作为反映宇宙事物相互关系的诠释体系和思维范式。易思维是整体观、平衡观和辩证观的集合。《周易》中的变易、简易和不易思维方式对我们今天的创新仍有着巨大的现实意义。

1. 变易

"变易"是指世间任何事物都是发展变化的,并且变化具有随机性特点。"变易"观要求管理者根据不断变化的社会环境,把管理视为动态过程,充分认识系统内的各种联系,把握整体原则、平衡原则和辩证原则,在繁复的事物中繁中求简和以简驭繁,创造性地解决问题。

不确定性是企业经营中必须面临的问题,管理中要注意保留必要的手段以应付各种不确定性。现代管理学之父彼得·德鲁克有言,"优秀的企业在财务上保守,而且必须保守",便是基于对不确定性的高度认识。

技术创新中也面临着不确定性,因此,企业在创新过程中,不能采用押宝式的技术创新战略,将企业的生死存亡押注于某项技术或某个专利。

2. 简易

"简易"是指对规律本质的简明把握和领悟。也就是说,要在不一样的事物中寻找出共性,在复杂的事物中寻找出简单性,在无序的事物中寻找出规律性,从而达到主体与客观、群体与个人、自然与社会等不同层面和不同阶段的相互变通和交融合一。可以说,简单管理是企业管理发展的方向,管理的制度化、规范化、标准化、信息化、普及化是"简易"的路径。只有了解企业组织的基因密码结构、基因代谢规律、基因进化规律,才有可能实现"简单化"。"复杂的事情简单做,简单的事情重复做,傻瓜也能做",这是对简易思维的最好诠释。工业工程(IE)方法通过分解、合并、删除等方法谋求作业程序的优化体现了简易思维方法。

在科学史上,许多伟大的足以改变世界面貌的发明,虽然其研究过程特别艰辛、复杂,有的科学家甚至将毕生精力奉献给一个科研项目,也未必能攻克,然而一旦破译其中的密码,回头一看,却非常简单。人们至今仍在说,开辟工业时代的蒸汽机的发明,其原理不就是蒸汽冲出茶壶盖吗?万有引力不就是牛顿由苹果落地而忽然顿悟的吗?所以真理往往是非常"简易"的,越是简单明了的理论,就越是入木三分的深刻;反过来看,往往推理、阐述得越是复杂和难解的理论,恐怕离真理倒是越远。

3. 不易

任何事物都有一定的生命周期,其产生、发展、变化都是有规律可循的,例如,构成有机生命体的基因密码DNA,其基本规律就是相对不变的。因而,"不易"是指"变中不易"。《周易》将事物的万千变化简化为阴阳变化,变具体为抽象,从而认识和掌握世间万象。

"不易"是我们能够认识事物的基础。自然界存在着我们还没有完全感知的"本体"或"规律",例如,太阳的东升西落是不变的规律,我们无法改变。企业管理创新就要探索企业组织中生生不息的规律性的东西,把握企业发展的规律。

企业的管理面临着十分复杂的外部环境,特别是全球化带来的复杂环境,需要管理者审时度势,自觉利用外部机遇,牢牢把握企业使命,在不确定的环境中注重创新,特别是企业自身的核心能力建设这一"不易"之本,将企业带向成功。

中国人在过去几千年提出并使用的具有创新意蕴的方法犹如满天繁星,在未来的创新实践中,我们仍然离不开中国传统智慧的护佑,并将在此基础上,百尺竿头更进一步。正如彼得·德鲁克在给北京光华德鲁克研究会的开幕词中写的那样:"管理者不能依赖进口,即便是引进也只是权宜之计,而且也不能大批引进。中国的管理者应该是中国自己培养的,他们深深扎根于中国的文化,熟悉并了解自己的国家和人民。只有中国人才能建设中国,因此快速培养并使卓有成效的管理者迅速成长起来是中国面临的最大需求,也是中国的最大的机遇。"中国企业的创新也只有根植中国文化的沃土,才能根深叶茂。

二、头脑风暴法

美国创造学家艾里克斯·奥斯本于1939年首次提出头脑风暴法(Brain Storming),今天,艾里克斯·奥斯本这个人名实际上已经成了头脑风暴法的代名词。

头脑风暴(Brain-storming)最早是精神病理学上的用语,是针对精神病患者的精神错乱状态而言的,现在引申为无限制的自由联想和讨论,其目的在于产生新观念和激发创新设想。头脑风暴法经各国学者的实践和发展,至今已经形成了一个发明技法群,深受众多企业和组织的青睐。

(一) 头脑风暴法的创新意蕴

头脑风暴法的特点是群体创造构思,体现了一个中心思想,即一个人提出一种想法,另一个人对此做出反应,再一个人再对反应做出反应,如此继续,进而形成创意构思。一般认为头脑风暴能够激发创新思维源于以下四个方面:

1. 联想反应

联想是产生新观念的基本过程。在集体讨论问题的过程中,每提出一个新的观念,都能引发他人的联想,相继产生一连串的新观念,产生连锁反应,形成新观念堆,为创造性地解决问题提供了更多的可能性。如果把具有各种不同的知识和生活背景的人有机结合起来,群体的综合创造力会更大。

2. 热情感染

在不受任何限制的情况下,集体讨论问题能激发人的热情。人人自由发言、相互影响、相互感染,能形成热潮,突破固有观念的束缚,同时,知识的共享与信息的交流可以最大限度地激发出创造性思维。

3. 竞争意识

观点上的冲突更容易在群体中产生。在有竞争意识的情况下,人人争先恐后,竞相发言,不断地开动思维机器,力求有独到见解和新奇观念。心理学原理告诉我们,人类有争强好胜心理,在有竞争意识的情况下,人的心理活动效率可增加50%或更多。

4. 个人欲望

在集体讨论解决问题过程中,为了在群体内沟通,构想思路的呈现必须清晰和完整。头脑风暴法有一条原则,就是不得批评仓促的发言,这就能使每个人畅所欲言,提出大量的新观念。这样,在个人表现欲望的驱使下,创意方案将会得到更好的表达。

有活力的头脑风暴会议倾向于遵循一系列陡峭的"智能"曲线,开始动量缓慢地集聚,然后非常快,接着又开始进入平缓的时期。头脑风暴会议主持人应该通过小心地提及并培育一个正在出现的话题,让创意在陡峭的"智能"曲线阶段自由形成。

小资料:

照相机的自动精确对焦

20世纪70年代,照相机主要是一种使用胶卷的光学仪器和精密机械产品,世界上所有的照相机生产厂商都在为如何快速、准确地对焦而遭遇瓶颈,相关的会议开过无数次,都是传统的光学和精密机械方面的专家参加,解决的方法无外乎想办法做出更大光圈的镜头、提高磨砂玻璃取景框的亮度等,这些方法不但导致研制费用和消费者购买费用昂贵,而且并不能有效解决对焦问题。

美能达公司有一次在产品讨论会上邀请了电子、电器专业工程师参加。当电子、电器工程师搞清楚了照相机厂家所面临的困境后,立刻提出用红外线来进行对焦:照相机正面有两个小孔,照相时先将对焦框的中心位置(往往是一个"+"的符号)对准被摄对象,当快门按下一半时,其中一个小孔将一束红外线打出去,射向对焦框的中心位置,红外线撞到被摄对象后反射回来,相机正面的另一个小孔接受被反射回来的红外线,相机中的微电脑芯片计算出两束红外线之间的夹角,立刻就换算出被摄对象和相机之间的距离,微型电动机立刻推动镜头转动,不费吹灰之力地瞬间完成精确对焦。

由此,世界上的照相机技术完成了一次革命性的突破,今天的数码相机已经变成了一种电子产品,而不主要是光学仪器和精密机械产品了。

(资料来源:陈渊,《新产品群体创意的思维方法》,《企业研究》2011年第11期)

(二)头脑风暴法的主要步骤

头脑风暴法力图通过一定的讨论程序与规则来保证创造性思维的有效性。由此,讨论程序成为头脑风暴法能否有效实施的关键因素。头脑风暴法的主要步骤如图5.1所示。

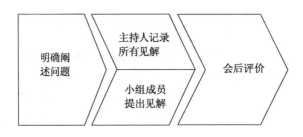

图5.1 头脑风暴法的步骤简图

1. 确定议题和参与人员

一个好的头脑风暴法从对问题的准确阐述开始,因此,必须在会议前确定一个目标,使与会者明确通过这次会议需要解决的问题,同时不要限制可能的解决方案的范围。一般而言,比较具体的议题能使与会者较快产生设想,主持人也比较容易掌握,比较抽象和宏观的议题引发设想的时间较长,但设想的创造性也可能较强。会议主题要提前通报给与会人员,让与会者有一定准备;讨论的议题必须具体、明确,不能模棱两可和同时讨论两个以上问题,题目不宜过大和过小。

参加人数一般以 5~10 人为宜(也可以略为增减),与会者太少不利于交流信息和激发思维,太多则不容易掌控会议局面,并且每个人的发言机会减少,会影响会议气氛,会议时间控制在 1 小时左右。会议设主持人一名,主持人只主持会议,对设想不作评论;设记录员 1~2 人,要求认真将与会者每一个设想不论好坏都完整地记录下来。主持人要熟悉并掌握该技法的要点和操作要素,摸清主题现状和发展趋势;参与者要有一定的训练基础,懂得该会议提倡的原则和方法。头脑风暴法的主持工作,最好由对决策问题的背景比较了解,并熟悉头脑风暴法的处理程序和处理方法的人担任。

2. 活跃思维,掌握原则

会议时间由主持人掌握,不宜在会前规定过死,一般来说,每个人的发言不能超过 10 分钟,总体会议长度不超过 1 小时为佳。会议时间太短与会者难以充分发言,太长会产生疲劳感,影响会议效果。经验表明,创造性较强的创意一般在会议开始后的 10 分钟到 15 分钟之间逐渐形成。如果会议需要超过 1 小时,那么最好的办法是将议题分解成几个讨论主题,分别进行专题讨论。

头脑风暴会议的主持者首先要激发起参加者的思维"灵感",促使参加者感到急需回答会议提出的问题。在参加者被鼓动起来以后,新的设想就会源源不断地涌现出来。这时,主持者只需根据头脑风暴的原则进行适当引导即可。开好头脑风暴会议要把握以下原则:

(1) 自由畅谈。

通常在头脑风暴会议开始的 5~10 分钟内,主持者需要采取询问的方法,创造一个自由交换意见的气氛,并激起参加者踊跃发言。参加者应该不受任何条条框框限制,放松思想,让思维自由驰骋,从不同角度、不同层次、不同方位大胆地展开想象,尽可能地标新立异,与众不同,提出独创性的想法。主意越新、越怪越好,因为它能启发人推导出好的观念。

(2) 延迟评判。

头脑风暴会议必须坚持当场不对任何设想做出评价的原则,既不能肯定某个设想,又不能否定某个设想,也不能对某个设想发表评论性的意见。一切评价和判断都要延迟到会议结束以后才能进行。这样做一方面是为了防止评判约束与会者的积极思维,破坏自由畅谈的有利气氛;另一方面是为了集中精力先开发设想,避免把应该在后阶段做的工作提前进行,影响创造性设想的大量产生。

(3) 禁止批评。

参加头脑风暴会议的每个人都不得对别人的设想提出批评意见,因为批评对创造性思维无疑会产生抑制作用。同时,发言人的自我批评也在禁止之列。有些人习惯于用一些自谦之词,这些自我批评性质的说法同样会破坏会场气氛,影响自由畅想。所以,要在心理上调动每一个与会者的积极性,就要彻底防止出现一些"扼杀性语句"和"自我扼杀语句"。诸如"这根本行不通""你这想法太陈旧了""这是不可能的""这不符合某某定律",以及"我提一个不成熟的看法""我有一个不一定行得通的想法"等语句,禁止在会议上出现。只有这样,与会者才可能在充分放松的心境下,在别人设想的激励下,集中全部精力开拓自己的思路。

(4) 追求数量。

头脑风暴会议的目标是获得尽可能多的设想,追求创意数量是它的首要任务。参加会议的每个人都要抓紧时间多思考,多提设想。至于设想的质量问题,自可留到会后的设想处理阶段去解决。在某种意义上,设想的质量和数量密切相关,产生的设想越多,其中的创造性设想就可能越多。因此,会议中要鼓励巧妙地利用和改善他人的设想,每个与会者都要从他人的设想中激励自己,从中得到启示,或补充他人的设想,或将他人的若干设想综合起来提出新的设想等。各种设想,不论大小和质量,甚至是最荒诞的设想,记录人员也要认真地将其完整地记录下来。

3. 会后处理

通过头脑风暴畅谈会,往往能获得大量与议题有关的设想。至此任务只完成了一半,更重要的是对已获得的设想进行整理、分析,以便选出有价值的创造性设想来加以开发实施,这个工作就是设想处理。

头脑风暴法的设想处理通常安排在头脑风暴畅谈会的次日进行。在此以前,主持人或记录员应设法收集与会者在会后产生的新设想,以便一并进行评价处理。

设想处理的方式有两种。一种是专家评审,可聘请有关专家及畅谈会与会代表若干人(5人左右为宜)承担这项工作。另外一种是二次会议评审,即由头脑风暴畅谈会的参加者共同举行二次会议,集体进行设想的评价处理工作。

（三）头脑风暴法的局限与改进

头脑风暴法提供了一种有效的就特定主题集中注意力与思想进行创造性沟通的方式，无论是对于学术主题的探讨还是日常事务的解决，都不失为一种可资借鉴的途径。需要谨记的是使用者切不可拘泥于特定形式，因为头脑风暴法是一种生动灵活的技法，应用这一技法的时候，完全可以并且应该根据与会者情况以及时间、地点、条件和主题的变化而有所变化、有所创新。同时也需要注意头脑风暴法的局限性：

（1）由于头脑风暴法参与人员过多，层次太杂，一旦意见不能统一，往往会出现少数服从多数的现象。由于头脑风暴法的参与者多数是非专业人才，因此往往会出现多数人的意见是错误意见的现象。

（2）如果是在开发设计过程中运用头脑风暴法，容易扰乱设计者和规划者的思路，而且在会议中做出的一些决定往往不是经过深思熟虑的，头脑风暴也容易造成头脑发热。

（3）头脑风暴法不适用于一些具有机密性和高技术含量及专业性的问题。

为克服上述弊端，头脑风暴法在其发展的历程中便逐步形成了以下两种主要的直接改进形式：

1. 反向头脑风暴法

这种方法是将讨论的重点集中在产品的缺陷或存在的问题上，而不是原先的解决办法或改良办法。讨论的目的是找出对产品的所有批评意见，然后，再尽可能地克服缺陷或解决问题。

例如，过去的双缸洗衣机存在着洗衣服要人来手动控制的缺陷，这样就牵扯了人的精力与时间，于是人们发明了全自动的电脑程控洗衣机来解决这个问题。接着，在全自动洗衣机使用中又发现了所洗衣服的缠绕现象，致使衣服洗不干净，于是设计者将洗衣桶设计成大孔径，来缓解衣服缠绕的程度；之后又进一步设计出了立体水流，在洗衣桶内增设三个小凸轮来改变水流方向，或者将洗衣机的动力波轮改成大口径高波轮，甚至将波轮设计成与洗衣桶不在同一轴心线上的偏心波轮，这样就使得其所产生的水流形成万千姿态，而绝不可能产生同一轴心的漩涡，从而大大降低了衣服的缠绕程度。

提高衣服洗净度的另一方法是将洗衣机设计成转桶式，即我们俗称的"手搓式"洗衣机。原先洗衣机在洗衣服时，是波轮在旋转而洗衣桶不转，只有当脱水时，洗衣桶才高速旋转而此时波轮却不转。而"手搓式"洗衣机在洗涤时则是波轮与洗衣桶同时朝相反的方向旋转,当波轮正转时则洗衣桶反转,运行几秒钟后停下来,接着洗衣桶开始正转而波轮则反转,如此往复。设计者在洗衣桶的桶壁上压制出一排排凸棱,这样波轮与洗衣桶在相对运动时,就达到了我们人手在搓衣板上沿着横向沟槽的垂直方向来回搓洗衣服的同样效果,衣服的洗净率当然大大提高。

接着,人们又开始瞄准洗衣机的其他缺点,比如耗水、洗涤剂对衣服与环境的污染问题等等。日本的科学家试验成功了一种超声波洗衣机,可以大大节省用水,由于其工作原理是超声波发生器将超声波发射出去,运用超声波将衣服纤维中的污物震落分离,来达到洗净衣服的目的,从而就无须使用任何洗涤剂了,并且大大降低了洗衣用水量。

2. 引发会议

当参加者得到了即将讨论的问题后,每个人都要列出与此问题相关的关键词表作为发言提纲,然后要在群体会议上提出来,其他人把自己的关键词表中有与他人重复的单词划掉。在所有的陈述过后,每个人再列出第二张表,然后再重复整个过程。经过四至五轮的循环后,许多讨论和创造性的思维就被引发出来了。

这种方法很适合一个组织的高层领导者之间的探讨。这些高层领导者平时不易经常见面,也不容易聚齐,首次会议后,由会议秘书将领导层所列的关键词表在各个领导者之间进行传递,经过几轮传递后,最后可以达成一致的有创意性的决策。

三、检核表法

所谓检核表法,就是根据需要解决的问题或需要创造发明的对象的特点列出有关问题,形成检核表,然后一个一个地来核对讨论,从而发掘出解决问题的大量设想。该方法引导人们根据检核项目的一条条思路来求解问题,以利求解问题时进行比较周密的思考。

创新发明的最大敌人是思维的惰性,大部分人总是自觉或不自觉地沿着长期形成的思维模式来看待事物,对问题不敏感,即使看出了事物的缺陷和毛病,也懒于进一步思索,不进行积极的思维,因而难以有所创新。检核表法的设计特点之一是采用多向思维,用多条提示引导你去发散思考,因而,检核表法有利于提高发现创新的成功率。

目前,世界各国的许多创造发明家创制了各具特色的检核表,这些检核表一般可以分为两类:一类是一般性思考法,另一类是专门性思考法。

一般性思考法对于检核表的项目大致通过以下途径来提出创造性设想:① 联想;② 替换;③ 组合;④ 分开;⑤ 添加;⑥ 缩减;⑦ 颠倒;⑧ 延伸;⑨ 聚焦;⑩ 假想;⑪ 归纳;⑫ 改变;等等。最早的奥斯本检核表便是一般性思考法的典型。

专门性检核表是针对专题项目将问题一一列出,针对列出的问题一一做出可能的解答或指出改进方向,然后把所有解决问题的设想、方案列表进行对核,从中找到解决方案的方法。例如,寻求解决一个工厂效率下降问题的办法,可以将该厂领导、技术人员、工人、顾问专家的问题分析表与解答表汇总起来,逐一予以对核,从而发现较好的解决问题的方案。

检核表几乎可以适用于任何类型与项目的创造活动,它是一种能大量开发创造性设想的创造技法。

(一) 奥斯本检核表

奥斯本检核表以该技法的发明者奥斯本命名,是针对某种特定要求制定的检核表,主要用于新产品的研制开发。该表引导主创人员在创造过程中对照 9 个方面的问题进行思考,以便启迪思路、开拓思维想象的空间、促进人们产生新设想或新方案,如表 5-1。表中的问题不是奥斯本凭空想象的,而是他在研究和总结大量近现代科学发现、发明、创造事例的基础上归纳出来的。

表 5-1 奥斯本检核表

序号	检核项目	问题
1	有无其他用途	(1) 有无新的用途?
		(2) 有无新的使用方法?
		(3) 可否改变现有的使用方法?
2	能否借用	(4) 有无类似的东西?
		(5) 利用类比能否产生新概念?
		(6) 过去有无类似的问题?
		(7) 可否模仿?
		(8) 能否超过?

合理化建议活动流程与方法

续表

序号	检核项目	问题
3	能否扩大	(9) 可否增加些什么？
		(10) 可否附加些什么？
		(11) 可否增加使用时间？
		(12) 可否增加频率？
		(13) 可否增加尺寸？
		(14) 可否增加强度？
		(15) 可否提高性能？
		(16) 可否增加新成分？
		(17) 可否加倍？
		(18) 可否扩大若干倍？
		(19) 可否放大？
		(20) 可否夸大？
4	能否减小	(21) 可否减少些什么？
		(22) 可否密集？
		(23) 可否压缩？
		(24) 可否浓缩？
		(25) 可否聚合？
		(26) 可否微型化？
		(27) 可否缩短？
		(28) 可否变窄？
		(29) 可否去掉？
		(30) 可否分割？
		(31) 可否减轻？
		(32) 可否变成流线型？
5	能否改变	(33) 可否改变功能？
		(34) 可否改变颜色？
		(35) 可否改变形状？
		(36) 可否改变运动？
		(37) 可否改变气味？
		(38) 可否改变音响？
		(39) 可否改变外形？
		(40) 是否还有其他改变的可能性？

续表

序号	检核项目	问题
6	能否代用	(41) 可否替代？
		(42) 用什么替代？
		(43) 还有什么别的排列？
		(44) 还有什么别的成分？
		(45) 还有什么别的材料？
		(46) 还有什么别的过程？
		(47) 还有什么别的能源？
		(48) 还有什么别的颜色？
		(49) 还有什么别的音响？
		(50) 还有什么别的照明？
7	能否重新调整	(51) 可否变换？
		(52) 有无可互换的成分？
		(53) 可否变换模式？
		(54) 可否变换布置顺序？
		(55) 可否变换操作工序？
		(56) 可否变换因果关系？
		(57) 可否变换速度或频率？
		(58) 可否变换工作规范？
8	能否颠倒	(59) 可否颠倒？
		(60) 可否颠倒正负？
		(61) 可否颠倒正反？
		(62) 可否头尾颠倒？
		(63) 可否上下颠倒？
		(64) 可否颠倒位置？
		(65) 可否颠倒作用？
9	能否组合	(66) 可否重新组合？
		(67) 可否尝试混合？
		(68) 可否尝试合成？
		(69) 可否尝试配合？
		(70) 可否尝试协调？
		(71) 可否尝试配套？
		(72) 可否把物体组合？
		(73) 可否把目的组合？
		(74) 可否把特性组合？
		(75) 可否把观念组合？

（二）奥斯本检核表的运用

奥斯本检核表法的核心是改进,其基本做法是:首先选定一个要改进的产品或方案;然后,从九大角度提出一系列的问题,并由此产生大量的思路;接着,根据第二步提出的思路,进行筛选和进一步思考、完善。具体步骤如下:

(1) 根据创新对象明确需要解决的问题。

(2) 根据需要解决的问题,参照表中列出的问题,运用丰富想象力,强制性地一个个核对讨论,写出新设想。

(3) 对新设想进行筛选,将最有价值和创新性的设想筛选出来。

运用奥斯本检核表时要注意以下问题:

(1) 要联系实际一条一条地进行检核,不要有遗漏。

(2) 要多检核几遍,这样效果会更好,或许会更准确地选择出所需创新、发明的方面。

(3) 在检核每项内容时,要尽可能地发挥自己的想象力和联想力,产生更多的创造性设想。进行检索思考时,可以将每大类问题作为一种单独的创新方法来运用。

(4) 检核方式可根据需要,一人检核也可以,三至八人共同检核也可以,集体检核可以互相激励,产生头脑风暴,更有希望创新。

（三）奥斯本检核表运用实例

应用奥斯本检核表是一种强制性思考过程,有利于突破不愿提问的心理障碍。很多时候,善于提问本身就是一种创造。表5-2是一个检核表的运用实例。

表5-2 手电筒的创新思路

序　号	检核项目	引出的发明
1	能否他用	其他用途:信号灯、装饰灯
2	能否借用	增加功能:加大反光罩,增加灯泡亮度
3	能否改变	改一改:改灯罩、改小电珠和用彩色电珠等
4	能否扩大	延长使用寿命:使用节电、降压开关
5	能否缩小	缩小体积:1号电池→2号电池→5号电池→7号电池→8号电池→纽扣电池

续表

序 号	检核项目	引出的发明
6	能否替代	代用:用发光二极管替代小电珠
7	能否调整	换型号:两节电池直排、横排,改变式样
8	能否颠倒	反过来想:不用干电池,用磁电机发电
9	能否组合	与其他物体组合:带手电的收音机、带手电的钟等

通过表5-2的检核,创新者可以依据自己面临的问题,找到自己需要的解决方案。如改用高功率纽扣电池缩小手电筒的体积;用LED灯照明可以获得更好的灯光方向性;等等。

三、物—场模型分析

物—场分析(Substance-Field Analysis)方法,是苏联发明家阿奇舒勒在《创造精密的科学》一书中提出的一种解决问题的方法,是发现问题解决理论(TRIZ)中的非常重要的分析工具。物—场模型是TRIZ理论中重要的问题描述和分析工具,用以建立与已经存在的系统或新技术系统问题相联系的功能模型。在解决问题的过程中,可以根据物—场模型分析,来查找相对应的问题的标准解法和一般解法。

(一)物—场模型

任何一个功能强大的技术系统都是由许多功能不同的子系统所组成的,因此,每一个系统都有它的子系统,而每个子系统都可以再进一步地细分,直到分子、原子、质子与电子等微观层次。无论是大系统、子系统,还是微观层次,都具有功能,所有的功能都可分解为两种物质和一种场。

在物—场模型中,物是指某种物体或过程,可以是整个系统,也可以是系统内的子系统或单个物体,甚至可以是环境,取决于实际情况。场是指完成某种功能所需的手法或手段,通常是一些能量形式,如磁场、重力场、电能、热能、化学能、机械能、声能、光能等。其基本模型如图 5.2 所示。

物—场模型最少包括三要素：两个物质和一个场，以执行一个功能。功能是指两个物质与作用于它们的场之间的作用，在图 5.2 中，物质 S_2 通过场作用于物质 S_1 产生输出 F(功能)。

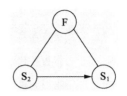

图 5.2　物—场的基本模型

TRIZ 理论中，功能有 3 条定律：

(1) 所有的功能都可以最终分解为 3 个基本元素(S_1,S_2,F)；

(2) 一个存在的功能必定由 3 个基本元素构成；

(3) 将 3 个相互作用的基本元素有机组合将形成一个功能。

在功能的 3 个基本元素中，S_1、S_2 是具体的，即是"物"（一般用 S_1 表示原料，用 S_2 表示工具）；F 是抽象的，即是"场"。这就构成了物—场模型。S_1、S_2 可以是材料、工具、零件、人、环境等；F 可以是机械场(Me)、热场(Th)、化学场(Ch)、电场(E)、磁场(M)、重力场(G)等。

例如：自从蒸汽机车发明之后，人们越来越追求其速度的提升。机车要有高速度，必须行驶在钢轨上，但是机车的轮子和钢轨之间却有摩擦力，虽然研究者们不断进行材料和技术的革新，但一直存在的摩擦力却阻碍了机车速度的进一步提升。机车和钢轨构成了一个系统，速度和能量的损失是发明中的问题，我们需要一个功能来解决该问题。机车和钢轨是两个物，所以我们需要一个场来构成物—场模型。于是发明家引入了磁场，令机车和钢轨之间产生排斥的力，使机车和钢轨分离，导致摩擦力减到最小值——趋近于零。这样机车浮于钢轨之上，可以最大限度地使用能量提高速度。由此，磁悬浮技术就发明出来了。

在上例中，机车是 S_1，钢轨是 S_2，磁场是 F，这就是一个典型的物—场模型。

（二）物—场模型的分类

根据物—场模型分析理论，可以将技术系统中出现的物理或技术矛盾归纳总结为 4 种类型，见表 5-3。

表 5-3 物—场模型类别

序号	分类	含义
1	有效完整模型	功能的 3 个元素都存在,且有效,是设计者追求的目标
2	不完整模型	功能的 3 个元素不同时存在,可能缺少场,也可能缺少物
3	非有效完整模型	功能的 3 个元素都存在,但不能有效实现设计者追求的目标
4	有害模型	功能的 3 个元素都存在,但产生了与设计者追求目标相反的效应

如果情况属于第一种,系统一般不存在问题;而如果情况属于后三种模型中的任何一种,系统就会出现各种问题,因此,后三种模型自然而然是物—场分析重点关注的情况。为了能够简单、方便地描述物—场模型,可以采用符号来描述技术系统中存在的物—场模型。常用的符号有:

有用作用　——→　　　不足作用　　-----→
有害作用　～～→　　　改变了的模型　⇒

(三) 物—场模型的一般解法

物—场分析重点需要关注上述 3 种非正常模型。针对这 3 种模型,物—场分析提出了 6 种一般解法和 76 个标准解法。对 76 个标准解法感兴趣的读者可以查询相关的图书资料学习,本节主要叙述 6 种一般解法的运用,这对于合理化建议中的大多数问题而言,已经是足够了。

表 5-4 物—场分析的一般解法

一般解法编号	存在的问题	具体解决措施
1	不完整模型	补全缺失的元素(场、物质),使模型完整
2	有害模型	引入第三个物质,阻止有害作用
3	有害模型	引入第二个场,抵消有害作用
4	非有效完整模型	引入第二个场,增强有用的效应
5	非有效完整模型	引入第二个场和第三个物质,增强有用的效应
6	非有效完整模型	引入第二个场或第二个场和第三个物质,替代原有场或原有场和物质

综合运用物—场模型的 6 种解法,或者将 6 种解法有机组合起来,可以产生极大的效应,有效解决那些不太复杂的问题,从而避免动用过于复杂的模型,如 76 个标准解法等。

物—场模型的解题原理如图 5.3 所示。

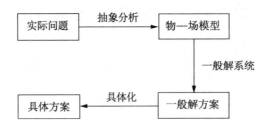

图 5.3　物—场分析的解题原理图

（1）确定物—场模型的元素。利用简明扼要的术语描述存在的问题；确定物—场模型中的元素。如"微型可调螺钉"可以用"可调整的、精确运用的杆"替代。如果系统较为复杂，可以对系统进行分解，直到可以确定物—场模型中的元素为止。

（2）建立物—场模型。针对分解后的系统，建立与之对应的物—场模型。确定元素之间的相互作用；根据不同的相互作用，采用不同的表达方法。

（3）确定物—场模型的一般解法。根据物—场模型的类型，确定该问题的一般解法。如果有多种解法，应该将所有的解法全部列出，再根据各种实际情况，确定最佳解法。

（4）开发新的设计。将最佳解法应用于实际问题中。当然，实际问题中可能会存在限制，可以进一步根据实际条件修正最佳解法，从而获得新的设计。

步骤（1）、（2）是将实际问题转化为物—场模型问题；步骤（3）则是求解物—场模型问题；而步骤（4）则是物—场模型分析的最终目的。下面以汽车的清洗为例，说明物—场模型在实际问题中的应用。

案例：汽车的清洗

汽车在使用过程中，由于受到阳光照射、酸雨侵蚀和灰尘入侵等不利因素影响，时间一长表面会沉积各种污垢，如油脂、工业尘垢、沥青和水泥等，使原本光亮的漆面暗淡无光，也缩短了汽车车漆的寿命，因此必须清除这些污垢。但是，对于沉积时间较长的各种污垢，用普通洗涤剂和水很难冲洗掉，例如，黏性的工业烟尘长时间黏附在车身上，用普通洗涤剂难以完全清除。

如何改进这些污垢的清洗方法呢?

(1) 确定物—场模型的元素。

根据普通的水洗工艺,确定物—场模型的元素为:污垢(S_1)、水(S_2)和机械力(F)。

(2) 建立物—场模型。

图 5.4 为该技术系统的物—场模型。在现有情况下,该系统不能满足希望效应的要求。

(3) 确定物—场模型的一般解法。

该技术系统属于物—场模型第 3 种类型,即非有效完整模型。有 3 个一般解法,分别是表 5-4 中的解法 4、解法 5 和解法 6。

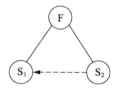

图 5.4　清除污垢的物—场模型

应用解法 4,即引入第二个场,增强有用的效应。例如,利用磁场磁化水改善清洗,利用含有表面活性剂的化学特性水来改善清洗,利用热能改善清洗和利用含有某种生物反应的特性水来改善清洗等。

应用解法 5,即引入第二个场和第三个物质,增强有用的效应。例如,利用含表面活性剂的过热水蒸气和高压力场来改善清洗。

应用解法 6,即引入第二个场或第二个场和第三个物质,代替原有场或原有场和物质。例如,使用超声波清洗,利用化学物质雾化清洗,引入某种放射场清洗,改变清洗环境温度和利用高压力场清洗等。

在本例中,最佳方案为解法 5,其物—场模型见图 5-5。

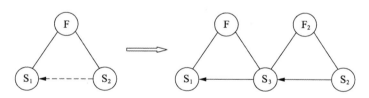

S_3:含有表面活性剂的过热水蒸气　　F_2:高压力

图 5-5　应用解法 5 的物—场模型

(4) 开发新的设计。根据解法 5,确定新的清除污垢的工艺为:使用含有表面活性剂的过热水蒸气且与高压力相结合。含有表面活性剂的过热水蒸气在与汽车表面沉积的污垢发生化学反应的同时,将对污垢形成强烈的爆破冲击,从而将污垢彻底从车体表面清除。

TRIZ 理论在俄罗斯、美国、欧洲、日本、韩国等国家和地区受到高度重视,其研究与运用获得很大的普及和发展,并且已经为众多企业创造了显著的效益。相关统计表明,运用 TRIZ 理论与方法,可以增加 80%～100%的专利数量,并提高专利的质量;可以提高 60%～70%的新产品开发效率,可以缩短产品上市时间 50%。2008 年,我国科技部等相关部门发文要求在全国范围内推广 TRIZ 理论与方法,目前在建筑领域,特别是铁路建设领域,已经取得了良好的经济效果和社会效果。相信这一理论与方法的运用将为我国企业的技术创新提供新的动力,取得更大的成绩。

CHAPTER 6

案例：无锡伟尔矿业设备有限公司的
　　　合理化建议制度

伟尔公司是一家拥有140年悠久历史的英国企业,总部位于苏格兰的格拉斯哥,其经营业绩位于英国前100位以内。它由矿业事业部、石油天然气事业部、电力和一般工业事业部组成,其年销售额约为12亿美元。其中,矿业事业部的年销售额占集团销售额的70%。无锡伟尔矿业设备有限公司是英国伟尔公司在中国无锡新区设立的全资子公司,成立于2006年,主要为中国矿业设备市场提供渣浆泵、水力旋流器、脱水振动筛、管道阀门及耐磨橡胶产品。受益于中国经济的发展和集团公司的支持,无锡伟尔矿业公司自开业以来,便表现出良好的发展态势。在2012年由集团总部组织的伟尔生产系统审核活动中,无锡公司的表现位于集团前茅,尤其是合理化建议制度得到了集团的高度评价并在集团内部推广。

一、合理化建议制度的初步尝试

21世纪初,日本丰田公司的精益生产方式在全球得到广泛认同,企业界兴起了学习和推广精益生产的浪潮。因而,无锡公司设立之初,集团管理层便要求在工厂建立改善提案(合理化建议)制度。在一家拥有百年传统的企业的新工厂建立合理化建议制度并非一帆风顺,通过几年的摸索,到2010年有效的合理化建议制度才得以正式确立。

无锡公司成立之初,工厂管理层面临的主要问题是,员工的招聘和培训,生产设施的布局和调整,生产能力的达产与市场需求的匹配,产品质量的稳定和改善等。因而,合理化建议制度的建立未能成为工厂管理层的核心工作,在改善提案制度的导入过程中,采用了拿来主义的方法,依葫芦画瓢,简单培训后就制定了合理化建议的考核目标,把合理化建议的数目作为考核指标,未能建立与之相应的企业文化和制度支撑。结果可想而知,在2006—2009年的四年中,合理化建议无论是提案的数量还是质量,均未达到预期。

2010年初,公司管理层针对公司合理化建议制度的导入过程进行了回顾分析,找出了存在的问题,制定了相应的改善对策,从而为再次启动合理

化建议制度的实施做准备。通过回顾分析,发现主要问题如下:

首先是知识准备不足。2006年企业初创,招聘了大量新员工,无论是管理人员、技术人员还是普通员工,由于他们过往工作经验与伟尔矿业的要求存在一定差距,加上相当数量的员工是第一次接触矿山设备制造,因此,无论是管理人员还是作业人员,其知识积累不足,要他们对公司的工作马上提出改善建议确有巧妇难为无米之炊之感,他们首要的任务是熟悉新的工作。此外,员工间伙伴关系的建立也非一蹴而就,需要有个磨合的过程。因此,导入合理化建议制度客观上存在一定的困难。

其次,公司处于初创期,无锡工厂的制度与文化只能直接从母公司移植,而企业文化的移植需要有一个过程,而且也需要与当地文化相融合。因此,在企业文化尚未有效形成的条件下,推行合理化建议制度缺乏企业文化的支撑。

最后是管理制度的融合。合理化建议制度的建立需要有相应的管理制度配合,如合理化建议的提案管理、提案处理流程,改善项目团队建设,奖励制度等。另外,合理化建议制度还需要与企业的人事制度、绩效体系、运营流程、现场管理等相关制度相结合。因此,在企业成立之初就推行合理化建议制度确有操之过急之嫌。

二、明确目标,重新出发

经过回顾分析后,找到了问题根源,公司管理层通过与员工的交流和与集团管理层的沟通后,决定重新出发。为保证成功,公司管理层首先明确了合理化建议制度建设的目标。合理化制度建立的目的是尽可能利用广大员工贴近工作实际,对实际工作感触最深,同时也最有可能发现改善项目和改善机会的现实情况,充分调动员工们的积极性,引导他们发现、提出并且参与实施改善提案。提案制度的实施以提高企业的凝聚力、促发员工的主人翁意识并且给企业带来实际的改善收益为目标。为此,公司管理层做出宣誓:

(1) 公司坚信每一位员工都有能力完成所分配的工作,并且尊重每个人拥有不同意见的权力。公司鼓励员工公开表达对公司运营的建议和意见,同时倡导员工认真、积极地听取其他人的不同意见。公司不要求员工们在任何时候都能做出正确的事情或者发表正确的言论,同时鼓励所有员工都能从正面的角度对待发生的每一件事,从而杜绝故意打击、中伤他人的情况发生。公司承诺将采纳不同的意见以优化公司的运营决策,使得人人都能成为创新者。

(2) 公司的每一位员工将主动地怀着紧迫感和按照轻重缓急的优先次序来完成每件事情。所有员工将以高度的责任感坚守并完成每一项已做出的承诺,如果在承诺时间内无法履行原先承诺,承诺人应尽早告知被承诺人实际情况和原因,并和对方确定下一时间的目标或结果,而不是被动地等待对方的催促。公司管理层将和所有员工一起创造一种使每一位员工都能恪尽职守和积极反应的工作氛围。

(3) 由于公司管理层无法对决策所涉及的所有的细节有足够的认知,因而也就无法保证公司管理层做出的所有决策都是正确的。管理层坚信公司的所有员工有能力完成分配的工作,并且对其工作的熟悉程度远超其他员工。公司鼓励并充分授权员工可以依据公司的方向和利益,以高度的主人翁精神和责任心做出工作上的决定。公司承诺将和所有员工一起建立一种充分信任的文化氛围。

(4) 公司强调作为一个完整的团队,所有的员工必须方向一致、步调协同。公司团队成员将认真听取各种不同的意见和建议以做出正确的决策。一旦团队做出决策,所有的成员都将以高度的主人翁精神和强烈的责任心及紧迫感来遵从、践行、实施决策,即便有些团队成员有不同的想法和不同的方案。公司承诺将和所有员工一起做到"言行一致"。

三、合理化建议的组织与流程

通过管理层的宣誓与承诺,公司初步在员工中建立起了信任文化。管理层认识到,由于每一个人就同一问题所处的位置不同、看问题的角度不同,对问题的看法和理解问题的深度也就不一样,公司管理层的视野和对问题的理解深度不可避免地存在着局限性。此外,要使员工与公司的战略方

案例：无锡伟尔矿业设备有限公司的合理化建议制度

向保持一致，就必须让员工参与到公司运作决策中来，让员工感受到公司的决策是他们自己参与做出的。为使合理化建议活动能够最大可能地发挥员工的积极性和创造性，公司需要设立专业的部门，协助员工开展合理化建议活动，为此，公司指派精益经理为合理化建议的总负责人，在对合理化建议定义的基础上建立了相应的合理化建议处理流程。

合理化建议的定义是合理化建议活动展开的基础，公司依据生产经营的实际情况，对合理化建议的定义如表 6-1。合理化建议涵盖员工发展、成本节约、安全、品质、企业文化等十大类建议项目，同时也定义了不能作为合理化建议的相关事项。

表6-1 公司合理化建议定义表

合理化建议所涉及内容为下列项目之一	下列项目不作为合理化建议受理
1. 管理方法方面的提案	1. 无具体内容或单纯提出希望的提案
2. 利用较佳工具或制造方法的提案	2. 针对正在进行的改善或事实的提案
3. 减少产品不良率、提高品质的提案	3. 已采纳或以前有过的提案
4. 人工、原材料和能源的节省、废物料的利用及其他降低成本的提案	4. 在正常工作渠道按照上级指令执行的提案
5. 工具、机械或设备改善方面的提案	5. 非建设性的批评意见
6. 安全生产的治理整顿及机器保养方面的提案	6. 投入成本远大于收益的提案
7. 工作场所环境改善方面的提案	7. 为完成改善提案的任务而无新意的提案
8. 加强企业文化建设、推行和增强公司凝聚力的提案	8. 针对个人及私生活的提案
9. 简化各种报表、手续和作业程序的提案	
10. 其他有利于公司的提案	

在完成合理化建议定义以后，公司制定了合理化建议的处理流程，如图 6.1。流程规定任何个人和部门都有权利提出改善建议和提案，对于改善提案不做任何带有偏见的预判断。所有的提案都将交予精益部门，并由其归口分配、追踪及验证，以确保所有的提案得到有效的关注和管理。人事部门则负责制定相应的奖励措施，并由财务部门将此奖励措施编入财务预算，以确保奖励得到落实。提案接受部门应积极对待提案人提出的提案，如果提案接受部门拒绝提案人提出的提案，则必须做出解释并得到提案人的认可，否则该提案

程序不能关闭。在取得改善收益后,提案人及提案接受部门都会得到相应的奖励。为了保证公正性,项目的收益评估由公司精益部门会同财务部门进行统一核算和管理。提案接受部门在项目完成后须形成项目报告,并由相关的部门和相关人员签字确认。这样做的目的是使得其他员工的业务水平能通过实际改善案例的报告得到提高,并促进改善项目得到有效的推广。这些项目报告交由精益部门统一存档。公司特别开辟案例看板(如图 6.3)对优秀案例和提案团队进行公示,以提升员工的荣誉感,并强化标杆示范作用。

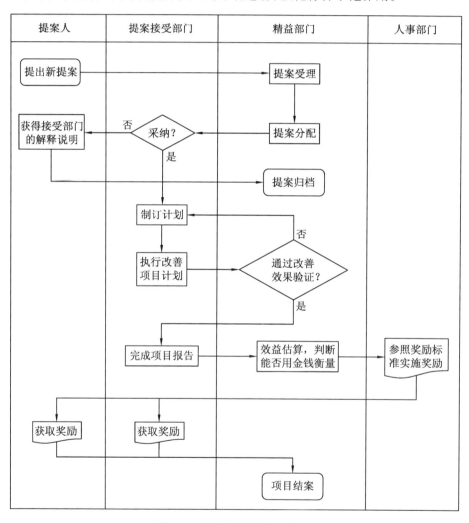

图 6.1 合理化建议处理流程

四、合理化建议的奖励方案

奖励方案事关项目的成败和提案制度的执行力度。奖励的目的是为了激发广大员工的创造性和保持其持久性。所以,奖励不应仅在取得经济收益时进行,对没有直接经济收益的提案同样应该进行奖励,因为相当大部分的改善项目无法用经济收益来直接衡量。伟尔矿业公司针对提案制度的奖励类别有:可以用收益金额来衡量和无法用收益金额进行衡量两种。

在提案效益无法用收益金额衡量时,奖励方式如下:

(1) 提案人每提出一项提案将获得 10 元或等值礼品的提案奖。

(2) 参与实施改善提案的人,针对每项提案每人将获得 10 元或等值礼品的参与奖。

(3) 如提案与改善公司的安全工作环境相关,针对每项提案,提案人将获得 20 元或等值礼品的安全参与奖。

(4) 提案人不仅提出提案,而且领导、组织实施提案的,针对每项提案,该提案人将获得 30 元或等值礼品实施奖。

奖金或礼品可以累计也可以当月领用。精益部门每月告知人事部门需要颁发的奖励数量和金额。人事部门集中采购礼品,礼品的形式可以是礼物也可以是购物券。

对于提案效益可以用收益金额形式进行衡量的情形,奖励方式如下:合理化建议改善实现后,公司将依据实际节约价值或年增产价值(扣除实施费用后的净增加值)计算奖金。奖金的奖励系数为收益金额的 5%,并设定了最低奖金额度和最高奖金额度。奖金将在取得收益的半年度和整年度时进行两次兑现。同时,对提案人和参与实施人在年薪资调整和职位晋升方面予以重点考虑。

表6-2
合理化建议奖金计算表

序号	年经济收益价值	奖励计算系数	奖金额限额
1	50万元以上	5%	5 000元
2	10~50万元	5%	5 000元
3	1~10万元	5%	500~5 000元
4	1万元以下	5%	100~500元或等值纪念品

五、提案管理与目视化

为了方便提案发起人发起提案及精益部门管理提案项目,公司特别设计了提案发起卡。卡片分为两种,分别对应于两种不同的提案:针对安全改善的提案(橙色卡片)和针对公司安全改善以外的持续改善提案(黄色卡片),如图6.2所示。

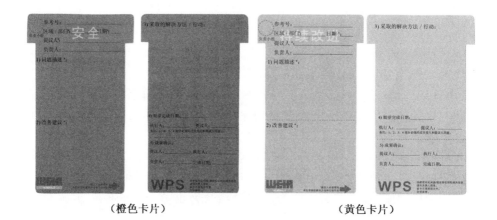

（橙色卡片）　　　　　　　（黄色卡片）

图6.2　提案卡

卡片分为正反两面,内容由提案发起人和提案接受人及精益部门填写。卡片信息如下:

（1）参考号:提案卡片的编号由精益部门统一编号并填写。
（2）区域/部门:提案中需改善的区域/部门。

(3) 提议人。

(4) 负责人:提案中需改善的区域/部门的负责人。

(5) 问题描述:由提案人负责填写。由于卡片空间有限,在这里不要求提案人将问题描述得面面俱到,只需要将问题的主要部门描述清楚即可,提案人和提案接受人将就提案进行详细的沟通。

(6) 改善建议:由提案人负责填写。

(7) 采取的解决方法和行动:由提案接受人填写。

(8) 期望完成日期:由提案接受人填写其期望完成日期。精益部门提案制度负责人将据此确定提案项目是否过期。

(9) 成果确认:由提案发起人、提案接受人及其负责人负责确定以验证改善效果。

以上部分在提案发起人填写完毕后将提案卡插入提案看板(如图 6.3)"新提案"一列中。精益部门负责人在与提案接受人确认解决方法和行动后将提案卡转入提案看板"进行中"一列中。如提案未能在期望的完成日期内完成,精益部门负责人将提案卡转入提案看板"已过期"一列中,公司管理层将对这部分提案予以关注并要求提案接受人及其负责人进行解释。已完成的提案卡片将会被移入提案看板"已完成"一列中,并由精益部门负责人负责收集归档。

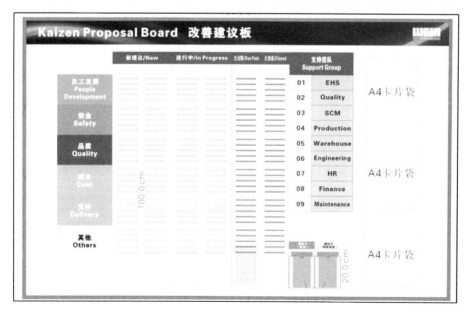

图 6.3 合理化建议处理目视板

六、提案制度的施行

在提案制度正式立项推行的决定做出之后,各部门便开始着手通过部门的周会、月会对公司的提案制度进行宣传并鼓励员工提出提案。在流程和提案操作方法确定后,公司精益部门及时组织员工学习并进行相应的演示。工厂总经理利用"与总经理共进午餐"活动与核心员工进行从公司文化到企业人力资源建设、企业效益与员工发展等方面的沟通,使得员工了解公司的发展方向和推动提案制度的意义。利用公司高层管理会议的机会,反复强调提案项目的重要性并回顾各部门的推行进展,使得各部门对于提案制度的这根弦始终绷紧。公司还利用餐厅电视播放优秀提案的应用录像,并在公司车间内张贴宣传标语。

在提案流程正式施行后,为了能起到示范效果,各部门挑选出了部分表现积极的员工,并帮助他们寻找改善提案,帮助他们协调相关部门以确保所提出的提案能够得到改善并取得效果,用实际的案例对提案改善制度进行推广。

公司管理层每周组织管理层成员在提案看板前举行现场会议,总结已取得的进展及确定加强提案制度执行力度的方案。公司管理层按月邀请提案发起人一起参加月度答谢晚宴并和提案人进行坦诚的交流,当面回答提案人提出的问题。月度答谢晚宴使得公司管理层有机会听到来自基层员工的心声,同样也让公司的员工现实地感受到公司管理层的关切和重视。公司举行季度性的全体员工大会,会议的内容除了涉及公司的运营绩效、计划外,还将就提案项目进行专门的表彰。所有的提案人员都将被邀请至主席台,由精益部门负责人介绍他们的提案情况,并由工厂总经理颁发奖品。提案人向公司的所有员工分享他们在提案过程中的感受及收获。为了认可、表彰提案团队及提案项目改善执行团队的改善工作,进一步分享公司的实际改善案例和推广提案改善项目,公司收集优秀的提案改善案例并公布于改善案例展示板(如图6.4)上。展示的内容包括项目简介、项目成果、项目组成员等。所有的关于提案改善项目的看板都有专人维护。

图 6.4 改善案例展示板

在前期的铺垫、流程的精心策划与管理层的悉心运作下,提案制度的成功推行是水到渠成,实施开展起来比较顺利。2011年,共收到提案407件,其中受理287件,产生直接经济效益30余万元,发放奖金、奖品各8000余元。改善提案所实现的直接经济效益和公司的营业额相比虽然很小,却带来了很大的间接效益,主要体现在以下几个方面:一是劳动生产率的提升,过去的一年里公司营业额提升了40%,而生产设备和人员几乎没有增加;二是员工参与度的提高,全年员工人均提案接近2个,公司所有员工都参与到了提案改善中来,在提案改善中融洽了同事关系,增长了知识,提升了能力;三是实现了公司运作流程优化、企业经济效益增加、员工工作积极性提高和工作满意度上升的三丰收。公司的合理化建议制度得到了集团和兄弟公司的认同与好评,并应邀在集团内部进行推广。

七、员工对提案制度的反馈

公司的提案制度本身也像公司的其他制度和流程一样,需要根据来自员工的建议进行优化和改善。公司不定期收集员工对于提案制度的意见和建议。根据这些意见和建议,公司将对实行的提案制度进行优化。经过一段时间的实施,公司的提案制度从不被认可到被接受和执行,以至于被认为是公司运作过程中不可或缺的一部分。下面是部分员工对于提案制度实施后发自内心的声音:

1. 装配区组长

精益生产对于每个公司都是至关重要的,是不可或缺的一部分,就公司的精益生产和持续改善有以下几点感想:

(1) 自打公司提案改善开始进行以来,员工们从不同方面和角度向公司提出各种意见和建议,大大地提升了公司的整体价值观,对于员工自身的素养也带来了一定的提升。

(2) 精益生产离不开持续改善这部分,因为在我看来凡事没有最好只有更好,需要不断地去改善,不断地去完善。我认为公司的持续改善方案进行得有点晚,如果早几年实行的话,我相信伟尔公司一定比现在更强大更完美。

(3) 在这短短的一段时间里,公司发生了很大变化,以前遇到问题时大家不知道怎么反映、向谁反映,问题得不到解决,或者解决进度很慢,效果不明显;而现在有了精益生产的持续改善活动后,大家很积极,发现问题就反映,也知道如何去做。精益改善制度的开展,对公司、对员工都是一件好事。

2. 设备维护部员工

公司内部实行的员工提案改善制度,推动了公司安全生产的整体改善。安全生产是公司最重要的事情,合理化建议活动的开展对安全生产贡献多多。例如,模压机下降时,会直接下降至平台的定位点,这样就容易出现压伤员工的现象。合理化建议活动中,公司依据员工建议在模压机处安装了护栏,这样员工就不用在工作中担心后方或身旁的模压机突然下模而造成安全隐患,能更好地工作了。另外,设立设备状态板,让维修员工一目了然地知道他现在所操作机台的状态,提高了工作效率。

现在合理化建议已成为公司进步的一部分,让员工的工作效率提高,工作环境更加安全。期望公司进一步加强员工培训,使员工了解更多的相关知识,提高整体的素养,促进合理化建议活动的持续开展。

3. 生产部员工

公司管理层推行改善建议活动已经有一段时间了,它的一些成绩和成果是很大的,公司的整体环境得到了全新的改观。对于公司的合理化建议活动,我有以下几点想法:

(1) 改善建议活动的推行使得各部门的合作关系更加紧密,不像原来各部门之间都相互不买账,遇到事情就相互推脱。改善建议活动的施行,使得各部门之间的合作有了一种监督和督促的机构,使得事情能快速高效地完成。

(2) 改善建议活动涉及的部门很广。像我们的产品工艺文件出了错误,我们通过改善建议活动就能使其快速得到纠正,以前是不可能的,也没人愿意搭理这些事。

(3) 改善建议活动的推行使得公司的一些公共设施得到了及时的维护和保养,以前没人管的事情得到了非常大的改变。

(4) 改善建议活动的推行让很多一线员工的心声和诉求有了向上反映的渠道,而且有些想法得到了很好的处理。

(5) 衷心希望改善建议活动能一直持续下去。

4. 质量部员工

自从公司提倡持续改善活动以来,员工有机会提出自己心里的想法和意见,并且可以获得奖励,我觉得很好。唯一不足的是还有部分员工没有能够积极参与进来,我希望今后有更多的员工参与到提案改善活动中来,这样,这项活动就比较完美了。

这段时间公司发生了不小改观,不管是安全方面、成本方面,还是绩效方面都取得了很大的进步,给公司带来了收益,也给员工带来了一些小小的礼品,我们都非常支持和拥护。我个人认为这项活动做得非常出色,也非常得人心,我们大家会好好努力,为美好明天奋斗!

5. 衬胶组长

提案改善活动,是一个从无到有的过程。从公司生产现场的面貌来看,有点像世界500强企业的样子了。从车间地面油漆到钢结构上的条幅,让人看起来很舒服,车间环境明显改善。

从安全的角度来看,最大的改善就是抽风系统,以前一刷胶,整个车间都是胶水的味道,安装抽风系统后,胶水味道大大减少了;其次,各个机器的风险点都有了一定的防护措施,例如蒸汽阀的防呆门、模压机的防护栏、衬胶打磨的溢流管架子等。

再从节约的角度来看,胶板边角料分类用量记录清晰,优先使用边角料的规定提升了生产效率。衬胶、弯管、阀套、模压合并的多技能培训,大大减少了人员紧张的问题。

持续改善对提升效率、质量也有很大的帮助。例如,各岗位的SOP(标准作业程序)目视化,让员工更好、更快地熟悉工作顺序并能很好地完成。

再一个就是我们思想上的改变,看待事物的想法有了一定的提升,会从安全、质量、5S、节约等多方面进行考虑。

参考文献

[1] 高良谋,郭英,胡国栋.鞍钢宪法的批判与解放意蕴[J].中国工业经济,2010(10):148-158.

[2] 高良谋,胡国栋.管理移植与创新的演化分析——基于鞍钢宪法的研究[J].中国工业经济,2011(11):129-138.

[3] 张文胜,徐玉军.日本企业内技能人才培养机制在我国的应用及启示[J].华东经济管理,2008,22(10):137-140.

[4] 纪亮.西门子的"3i"管理[J].中外管理,2007(5):71-73.

[5] 魏珊.通用电气的"群策群力"政策[J].当代经理人,2006(11):50-52.

[6] 莫皓."群策群力"的至高境界[J].中国中小企业,2008(5):84.

[7] 戴维·尤里奇,史蒂夫·克尔,罗恩·阿什克纳斯.GE告诉你:"群策群力"为什么有用[J].中国机电工业,2011(6):34-36.

[8] 刘国新,闫俊周.国外主要技术创新方法述评[J].科学管理研究,2009,27(4):30-34.

[9] 席升阳,韩德超,韩信传.国内外主要创新方法研究及应用评述[J].创新科技,2010(8):14-16.

[10] 李光福.中国传统创新方法探析[J].天津大学学报(社会科学版),2009,11(2):144-148.

[11] 杜杰."易"思维与中国式科学传统[J].华中农业大学学报(社会科学版),2007(2):37-40.

[12] 李强.企业技术革新和合理化建议活动探讨[J].企业技术开发,2011(1):123-124.

[13] 龚任波,李碧梅.制造型企业现场改善管理与定量评价方法研究[J].装备制造技术,2013(1):148-150.

[14] 王亮申,孙峰华等.TRIZ创新理论与应用原理[M].北京:科学出

版社,2010.

[15] 常卫华.TRIZ 理论在建筑工程中的应用[M].北京:中国科学技术出版社,2011.

[16] Jonne Ceserani.问题解决方案[M].雷秀云,袁忠发,译.上海:上海交通大学出版社,2004.

[17] 曾明彬.ISO9001:2008 质量问题分析与解决[M].广州:广东经济出版社,2009.

[18] 〔美〕玛格丽特 A.怀特,加里 D.布鲁顿;〔中〕吴晓波,杜键.技术与创新管理——战略的视角[M].北京:机械工业出版社,2012.

[19] 周华明.运营与技术管理案例——来自苏州企业的实践报告[M].苏州:苏州大学出版社,2008.

[20] 戴作辉.提案改善——成本领先战略的助燃剂[M].北京:经济管理出版社,2015.

[21] 〔美〕维杰·库玛.企业创新 101 设计法[M].胡小锐,黄一舟,译.北京:中信出版社,2014.